Friederike Gräff
Warten

Friederike Gräff

Warten

*Erkundungen eines
ungeliebten Zustands*

Ch. Links Verlag, Berlin

Editorische Notiz
Einige Interviewpartner haben darum gebeten,
ihren Namen zu ändern. Diese sind bei der ersten Nennung
mit einem * gekennzeichnet.

Die Deutsche Nationalbibliothek verzeichnet
diese Publikation in der Deutschen Nationalbibliografie;
detaillierte bibliografische Daten sind im Internet
über www.dnb.de abrufbar.

1. Auflage, März 2014
© Christoph Links Verlag GmbH
Schönhauser Allee 36, 10435 Berlin, Tel.: (030) 44 02 32-0
www.christoph-links-verlag.de; mail@christoph-links-verlag.de
Umschlaggestaltung: Stephanie Raubach, Berlin,
unter Verwendung eines Fotos von Thinkstock (Nr. 98178188)
Satz: Ch. Links Verlag, Berlin
Druck und Bindung: Druckerei F. Pustet, Regensburg

ISBN 978-3-86153-763-2

Inhalt

Im Saal der verlorenen Schritte 9

Über das Warten in der Literatur 19

*Im Wartesaal: Mariana Leky wartet
auf die nächste Romanidee* 24
Ein Gespräch mit der Schauspielerin
Victoria Trauttmansdorff 29

Geduld als Startkapital 41

Warum aus geduldig wartenden Kindern
erfolgreiche Erwachsene werden 42
*Im Wartesaal: Jule wartet
auf den Schulbeginn* 52

Warten als Mangelerscheinung 55

Die Warteschlange im Ostblock und
wie man sich am besten vordrängelt 56

Wie wir auf die Liebe warten   71

Ein Gespräch mit der Partnervermittlerin
Ulrike Grave   74
Im Wartesaal: Leyla Belloumi wartet
auf einen Freier*   86

Gibt es Gerechtigkeit beim Warten?   91

Wie man eine Transplantationswarteliste organisiert,
obwohl sie nicht gerecht sein kann   93
*Im Wartesaal: Katharina Eggers wartet
auf eine neue Niere*   102

Vom Warten in der Trauer   113

Warum die viktorianische Witwe länger trauert
als der viktorianische Witwer   113
Im Wartesaal: Irmtrud Hillinger wartet auf
die Heimkehr ihres Mannes aus dem Krieg*   123

Auf den Anfang warten   129

Ein Gespräch mit der Biologin Dr. Anette Gräff   131
Im Wartesaal: Martina Rieken wartet auf
die Geburt ihres ersten Kindes*   135
*Im Wartesaal: Helmut Pammler wartet
auf seine Freilassung*   140

Wenn das Warten krank macht   149

Im Wartesaal: Basim Ahmadi wartet auf
die Bewilligung seines Asylantrags*   151

Warten als himmlische Hoffnung   157

Was es bedeutet, auf den Messias zu warten, und
warum man dafür angefeindet wird   157

Vom Warten auf den Tod   167

Im Wartesaal: Paul Lüdtke wartet im Hospiz
auf den Tod*   169

Der Auszug aus dem Wartesaal   175

Anhang

Anmerkungen   179
Literatur   180
Quellen   185
Dank   186
Über die Autorin   189

»Alles nimmt ein gutes Ende
für den, der warten kann.«
Lew Tolstoj

Im Saal der verlorenen Schritte

Nach dem Unglück in Fukushima wartete ich am Eingang der Japanischen Botschaft, um mich in das Kondolenzbuch einzutragen. Die Sonne schien, und ich saß allein auf der Treppe vor der Botschaft, als um ein paar Minuten vor zwei eine Frau kam. »Sie waren zuerst hier«, sagte sie. »Ja«, sagte ich, »aber das spielt eigentlich keine Rolle.« »Das finde ich ja auch«, sagte die Frau, die grau-weißes Haar und etwas Weitfallendes trug. »Aber viele Leute sehen das mit dem Warten sehr eng.« Sie fügte noch etwas darüber hinzu, dass das Warten bei den Frauen etwas anderes sei als bei den Männern und etwas über Macht. Vielleicht hätte ich ihr besser zuhören sollen, denn Macht und Geschlecht sind zwei wesentliche Kategorien, wenn man über das Warten nachdenkt. Aber ich rätselte noch darüber, was an mir ihr den Eindruck vermittelt haben konnte, dass ich auf einer geordneten Warteschlange aus zwei Personen hätte bestehen können. Inzwischen war es zwei Minuten nach zwei, die Frau sah auf ihre Uhr und wurde sehr unfroh. »Sie wollten doch um zwei öffnen«, sagte sie und guckte zornig auf das Pförtnerhaus der Japanischen Botschaft. Ich hätte sie darauf hinweisen können, dass sie in ihrer Ambivalenz gegenüber dem Warten die Moderne repräsentierte, aber möglicherweise wäre sie dafür unempfänglich gewesen.

Der Ruf des Wartens ist auf den Hund gekommen. Es ist ein Zustand, den wir literarisch verklären und praktisch scheuen wie die Pest. Wir verlieren in Warteschlangen die Fassung und erkennen zugleich in den gelassen Wartenden große Liebende, denen wir zumindest im Kino gern zuschauen. Sieht man sich bei den Russen um, die viel Erfahrung mit dem Warten haben, findet man spätestens ab der Jahrhundertwende Figuren, die darin erstarrt sind wie stehen gebliebene Uhren. Anton Tschechow ist ihr Haupt-Porträtist, und seine Figuren eignen sich weder im Guten noch im Schlechten für Heldengeschichten. Aber wenn man weiter zurückgeht, zur Mythologie und zu den Sagen, findet man die Helden des Wartens. Penelope etwa, die sich zwanzig Jahre in Geduld übte und auf die Rückkehr ihres Mannes Odysseus wartete, oder Barbarossa, der im Kyffhäuser die Wiederkehr seines Reiches abwartet. Es muss diese Treue zu einer Person oder einer Sache sein, die die Menschen fasziniert. Wer freiwillig wartet, strahlt eine Zuversicht aus und eine Freiheit von der steten Furcht, etwas zu verpassen, die den Eiligen abgeht.

Eine alte Frau erzählte mir, wie sie nach dem Zweiten Weltkrieg auf die Rückkehr ihres Mannes, eines U-Boot-Kommandanten, wartete, weil sie nicht glauben konnte, dass die Todesnachricht stimmte. Sie ist 91 Jahre alt und erzählte aus Gutwilligkeit, aber eigentlich war all dies viel zu privat für sie, um es einer Fremden anzuvertrauen. Ich glaube, dass sie darin typisch ist für die Wartenden. Denn das Warten und die Hoffnung, die in ihm liegt, sind etwas Intimes und Zartes, und sie nehmen die Menschen ein Stück weit aus ihrer Umgebung und der Gegenwart heraus.

Es gibt selten eine Garantie, dass sich das Warten lohnt, es ist eine wilde und manchmal unbegründete Hoffnung. Der US-Soziologe Leon Festinger hat sich gefragt, um welchen Preis religiöse Gruppen an ihren Endzeit-Erwartungen festhalten, und er war entzückt, als er 1951 in einer Lokalzeitung auf die Annonce einer Hausfrau stieß, die den Untergang der Welt für den 20.12. des Jahres ankündigte, lediglich eine Gruppe Auserwählter sollte von einem Ufo gerettet werden. Tatsächlich wartete eine kleine Gruppe rund um die sogenannte Mrs. Keech vergeblich am 20.12. auf jenes Ufo. In diese Leere hinein kündigte eine Frau aus der Gruppe den Tod und die Wiederbelebung des Gatten von Mrs. Keech an, der der Bewegung fernstand und statt auf das Weltende zu warten, im Nebenzimmer schlief. Bei mehrfachen Kontrollen im Schlafzimmer zeigte sich Mr. Keech beharrlich lebendig, woraufhin das Medium, das die Prophezeiung ausgesprochen hatte, schließlich befand, dass Mr. Keech bereits vorher unbemerkt gestorben und ebenso unbemerkt wiederauferstanden sei. Die Forscher dagegen deuteten die Auferstehungsankündigung eher nüchtern als typische Reaktion auf das Ausbleiben des Erwarteten: Je größer die Gefühle und Taten, die man investiert hat, desto dringlicher wird das Festhalten am Erhofften. Es ist leicht, über die ausgebliebene Auferstehung von Mr. Keech zu lachen, aber es ist ja gerade die Zuversicht ohne Gewähr, das Sichanvertrauen, was Religion kostbar macht. Und es geht weit hinaus über das, was Psychologen über die glänzende Karriere von Menschen herausgefunden haben, die als Kinder auf ihre Belohnung warten konnten.

Aber diese Qualität ist aus dem Blick geraten. Heute scheint es, dass nur die Hilflosen warten, die Zaudernden und die Machtlosen. Die Alten in den Pflegeheimen, die auf den Besuch hoffen, der endlich Zeit für sie findet. Der Verlassene, der sich nach der gescheiterten Beziehung nicht schnell genug nach einem neuen Partner umsieht. Der Kassenpatient, der doppelt so lange auf einen Termin beim Facharzt wartet wie der Privatpatient. Warten ist ein Zustand, den das moderne Individuum scheut wie kaum einen anderen, weil er allem entgegen zu stehen scheint, was es sich erkämpft hat: Freiheit, Gleichheit, Selbstverantwortlichkeit.

Man könnte einwenden, dass die Schlange am Postschalter nicht unmittelbar unser Wahlrecht gefährdet und dass die Unfähigkeit zu warten vor allem damit zusammenhängt, dass wir unsere Zeit als knappes Gut empfinden, das wir möglichst effizient einsetzen müssen. Selbst die kürzesten Warte-Momente erscheinen uns gefährlich, wer weiß, wohin die Pause führen könnte. Also tippen wir Nachrichten mit unserem Handy oder zücken die Schöner-Warten-App. Und sollten wir es fatalerweise nicht dabei haben, erwarten uns überall und jederzeit die Infotainment-Bildschirme. Damit wir auch ja keine Minute verlieren in einer Welt, in der die »Echtzeit« längst den Alltag regiert.

Die Franzosen haben ihre Warteräume früher »salle des pas perdus«, den »Saal der verlorenen Schritte« ge-

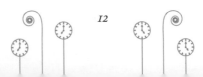

nannt. Die Deutsche Bahn will solche Gedanken nicht aufkommen lassen, sie nennt ihre Warteräume DB Lounge, und der Reisende kann dort mit Wireless-LAN und Laptop-Anschluss seiner Arbeit nachgehen. Die Camouflage des Wartens ist ein eigener Geschäftszweig, in dem Menschen darüber nachdenken, welche Musik in der Telefonwarteschlange die Anrufer am längsten bei der Stange hält, und ob es hilfreich oder abschreckend ist, wenn der Kunde erfährt, wie viele andere vor ihm an der Reihe sein werden. Und je höher der soziale Status, desto weniger wird der Kunde der Zumutung des Wartens ausgesetzt. Sei es die Bahn, seien es die Fluglinien oder Leihwagen-Anbieter: Der Erste-Klasse-Kunde hat seinen eigenen Schalter, an dem weniger Wartende schneller bedient werden. Unsere Zeit ist so kostbar geworden, dass wir viel und hektischen Aufwand betreiben, um sie in jedem Augenblick zu füllen.

Aber es gibt einen zweiten Grund, warum wir das Warten so scheuen: Weil wir eine Ahnung jener Zeiten haben, als es ein Instrument war, um Menschen zu disziplinieren. Schriebe man eine Geschichte des erzwungenen Wartens, müsste man drei Viertel der Kapitel für Frauen reservieren. Man kann die traditionelle Trauerzeit von Frauen aus heutiger Perspektive als Wartezeit verstehen, bis sie sich wieder dem normalen sozialen Leben anschließen durften – und die dauerte wesentlich länger als die der Männer. In Frankreich hatten Edelfrauen beim Tode des Mannes sechs Wochen im Bett zu bleiben, und während Witwer lediglich vier Wochen lang nicht tanzen sollten, war es den Frauen ein Jahr lang verboten. Es hat einen gewissen malerischen Reiz, sich die französischen Edelfrauen trauernd im Bett vorzustellen, die Dauer abgestuft nach Höhe ihres Rangs und dem des Verstorbenen – die Gründe für diese Übergangszeit waren sehr pragmatisch: Man brauchte Zeit, um Erbansprüche zu klären oder neue Ehen in die Wege zu leiten, und bei möglichen Schwangerschaften sollte zweifelsfrei sein, ob der Verstorbene oder ein neuer Partner der Vater war.

Mehrere hundert Jahre später sollten sich Frauen wieder wartend finden, diesmal allerdings in zahlreicher Gesellschaft und in der Öffentlichkeit. Die Warteschlangen vor den Läden des sozialistischen Realismus waren weiblich, so haben es US-amerikanische Soziologen in den achtziger Jahren bei Feldforschungen in Polen festgestellt – nur in denen, wo es um Alkohol und Zeitungen ging, war der Männeranteil von Belang. Immerhin durfte man warten. Noch unter Stalin waren Warteschlangen im öffentlichen Raum verboten, weil das Ausharren der Menschen vom Land vor den städtischen Läden zu Produktionseinbrüchen führte. Sie behalfen sich, indem sie sozusagen undercover warteten. Sie standen in Hofeingängen herum oder blieben vor Bushaltestellen stehen – und hielten doch immer die Wartereihenfolge ein.

Stalin hatte bei seinem Verbot auch die möglicherweise subversive Kraft von Menschenansammlungen in der Öffentlichkeit im Blick – tatsächlich sind aus den wenigsten Warteschlangen Revolutionen hervorgegangen. Im Gegenteil: Gerade hier werden klare Regeln eingehalten, zur Freude der Soziologen, die sich dort einreihten. Da sie im eigenen Land kaum einmal längere Schlangen auftaten, waren es US-amerikanische Wissenschaftler wie der Soziologe Joseph Hraba, der Anfang der achtziger Jahre mit seinen Studenten Hausfrauen in Polen befragte. Er stellte fest, dass Frauen in Schlesien 1981 im Durchschnitt drei Stunden und 37 Minuten mit den täglichen Einkäufen verbrachten. Das Misstrauen gegen die Verkäuferinnen war groß, deshalb gab es selbst organisierte Warteschlangenkommittees, die die Reihenfolge der Wartenden überprüften. Einige der Frauen erklärten, dass sie die Wartezeit als Erholung betrachteten, andere sagten, dass die feineren Taktiken des Schlangestehens wie das »Jockeying« – so nannten die Forscher das Wechseln zwischen Schlangen in unterschiedlichen Geschäften – Spannung in ihr Leben brächten.

Letztendlich aber war das Leben in der Warteschlange verlorene Zeit und ein ziemlich genauer Spiegel der umgebenden Gesellschaft. Immer wieder fanden sich selbst ernannte Chefs der Warteschlangen, die in der Regel mittleren Alters und männlich waren. Es gab Begünstigte, die an den Schlangen vorbei in die Läden geführt wurden. Und es herrschte großer Argwohn gegen diejenigen, die sich in die privilegierten Schlangen einreihen durften: Alte, Behinderte, Schwangere und Mütter mit Kindern, die immer wieder als »ausgeliehen« angefeindet wurden.

Gerade weil das Stehen in einer Schlange Gleichheit suggeriert, reagieren die Menschen so empfindlich auf eine mögliche Verletzung ihrer Rechte. Gleich lange auf

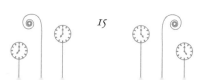

das Gleiche zu warten, schafft in einer Gesellschaft Gerechtigkeit, spätestens, wenn es nicht mehr um Bahnfahrkarten geht, sondern um Lebensentscheidendes. Eine Organspende etwa, die Adoption eines Kindes oder die Einbürgerung. Deshalb verweisen Flüchtlingshilfsorganisationen mit Unmut auf die Schnell-Einbürgerungen prominenter Sportler, deswegen wurde die Adoption eines russischen Kindes durch den früheren Bundeskanzler Gerhard Schröder nicht nur wegen seines hohen Alters kritisch beäugt, sondern auch wegen des begründeten oder unbegründeten Verdachts, dass das oft langjährige Verfahren hier relativ zügig abgehandelt worden sein könnte.

Warten ist ein unspektakulärer Zustand, aber die Art, wie man ihn erlebt, ist ein interessanter Indikator für gesellschaftliche und individuelle Verfassungen. Kürzlich wartete ich in einer Mensaschlange, als sich ein schratiger Mann zur Kasse vordrängelte. »Ich war zuerst dran«, sagte ich. »Ich bin Analphabet«, sagte der Schrat. »Ich bin Legastheniker und möchte zahlen«, erwiderte ich voller Zorn. Niemand lachte, ich fühlte mich schuldig und dachte an die Frau vor der Japanischen Botschaft und dann an den Gleichmut Kafkas. Der hat einen der schönsten Sätze der an schönen Sätzen eher armen Warte-Literatur in sein Tagebuch geschrieben: »Ich bin unpünktlich, weil ich die Schmerzen des Wartens nicht fühle. Ich warte wie ein Rind.«

Dieses Buch betrachtet Spielformen gesellschaftlich bestimmten Wartens: die Warteschlangen des Ostblocks, das Trauerjahr der Witwen, das Warten auf den Messias.

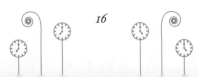

Es fragt, wie man das Warten auf lebensrettende Organe gerecht organisieren kann. Und ob die Fähigkeit zu warten, und sei es nur eine Minute, Menschen erfolgreicher und vielleicht sogar glücklicher macht.

Daneben gibt es Wartesäle. Dort erzählen Menschen, warum und wie sie warten: auf ein Kind, auf die Freiheit, auf den Tod. Manchmal ist es ein freudiges Warten, manchmal ist es gelassen. Oft aber auch zornig oder verzweifelt. Manchen ist das Vergehen der Zeit, das Warten als solches sehr bewusst, bei anderen ist es versteckt hinter Fragen von Schuld oder Gerechtigkeit. Gemeinsam ist ihnen eines: Ihre Geschichten sind Geschichten von Hoffnungen. Enttäuschten, erfüllten, ungewissen.

»Man kann sagen, dass er die Woche konsumiert
hatte, indem er auf die Wiederkehr derselben
Stunde in sieben Tagen wartete, und warten heißt:
Voraneilen, heißt: Zeit und Gegenwart nicht als
Geschenk, sondern nur als Hindernis empfinden,
ihren Eigenwert verneinen und vernichten und sie im
Geist überspringen. Warten, sagt man, sei langweilig.
Es ist jedoch ebenso wohl oder gar eigentlich kurz-
weilig, indem es Zeitmengen verschlingt, ohne sie
um ihrer selbst Willen zu leben oder auszunutzen.
Man könnte sagen, der Nichts-als-Wartende gleicht
einem Fresser, dessen Verdauungsapparat die Speisen,
ohne ihre Nähr- und Nutzwerte zu verarbeiten,
massenhaft durchtriebe. Man könnte weitergehen
und sagen: wie unverdaute Speise ihren Mann nicht
stärker mache, so mache verwartete Zeit nicht älter.
Freilich kommt reines und unvermischtes
Warten praktisch nicht vor.«

Thomas Mann, Der Zauberberg

Über das Warten in der Literatur

Warten ist kein dramatischer Zustand, er eignet sich nur begrenzt für Heldengeschichten. Aber als Ausgangspunkt für große Literatur. Dann nämlich, wenn es den Raum für Fragen öffnet, wenn die Figuren innehalten, weil sie eine nicht zu stillende Leere spüren. Es gibt einen Vorläufer dieses existenziellen Wartens, eine sozusagen praktische Variante: Wenn wartende Frauen den Hintergrund für die Abenteuer ihrer Männer bilden. Penelope wartete zwanzig Jahre auf die Rückkehr von Odysseus, aber Homer widmet sich vor allem den Heldentaten und Irrfahrten ihres Mannes. Wartende Liebende sind in der Literatur lange vor allem Inbegriff von Treue, so wie die Greisin in Friedrich Hebbels Erzählung *Treue Liebe* aus dem Jahr 1828, die zum Leichnam ihres Geliebten gerufen wird, der jahrzehntelang in einem Bergwerk verschüttet gewesen war.

Zu Beginn des 19. und 20. Jahrhunderts betreten andere und aus heutiger Perspektive vielleicht interessantere Wartende die Bühne. Sie sind weniger selbstgewiss, es gibt auch Männer unter ihnen, und es bleibt unklar, worauf sie warten: Flauberts Emma Bovary etwa, die darauf wartet, dass sich die Leerstelle in ihrem Leben füllt – und in ihren Affären keinen Halt findet. Oder die Patienten in Thomas Manns *Zauberberg,* den man als einzigen großen Wartesaal verstehen kann, als einen Ort, an dem sich Menschen treffen, die in ihren immer gleichen Diskussionen die Ratlosigkeit des beginnenden 20. Jahrhunderts spiegeln.

Einer der eindrücklichsten Chronisten des Wartens ist Anton Tschechow. Seine Figuren sind im Warten auf das eigentliche Leben gefangen. Die drei Schwestern im gleichnamigen Stück etwa erhoffen sich von der Übersiedlung vom Land nach Moskau einen großen Umschwung für ihr Leben, »nach Moskau, nach Moskau«, das ist ihr Sehnsuchtsruf. Warum das Leben in Moskau aber für Olga, Irina und Maša besser sein sollte als das in der Provinzstadt, bleibt ungewiss. Es gibt kein klares Ziel, keinen Mann, der zurückkehren könnte, keinen Erlöser, der kommen soll. Das alltägliche Leben geht weiter, Maša stürzt sich in eine Affäre mit einem verheirateten Mann, Irina nimmt eine Arbeit als Telegraphistin an, und Olga wird Schuldirektorin. Aber wie ein Akkord, der im Hintergrund zu hören ist, bricht die Hoffnung auf Moskau hervor. Während beim Warten die entscheidenden Fragen verhandelt werden: Wie soll man leben? Arbeiten, sagt Irina, Glauben, sagt Maša. Es sind Figuren, die rühren, weil sie ernsthaft um das richtige Leben ringen und zugleich etwas Hilfloses haben wie Kinder beim Topfschlagen.

Die Schauspielerin Victoria Trauttmansdorff hat die Olga in einer Inszenierung am Hamburger Thalia Theater gespielt, sie hat viel Zärtlichkeit für diese Wartenden. »Sie selber haben gar nicht so sehr das Gefühl, zu warten. Das hat eher das Publikum«, sagt sie. Die

Zuschauer zu Tschechows Lebzeiten haben oft in den Vorstellungen geweint – zum Ärger des Autors. »Sie sagen, Sie hätten über meine Theaterstücke geweint. Sie sind nicht der einzige«, schrieb er in einem Brief an den Redakteur Alexander Tichonow. »Dazu habe ich sie aber nicht geschrieben. Stanislawski war es, der sie so rührselig gemacht hat. Ich wollte etwas ganz anderes. Ich wollte einfach und ehrlich sagen: schaut euch an, seht doch, wie schlecht und langweilig ihr euer Leben führt!«

Heute, so sagt der Literaturübersetzer Andreas Tretner, würde Tschechow statt über den verarmten Landadel über die prekäre Bohème schreiben, über die unabgeholte Generation, die auf ihre erste Anstellung wartet.

Worauf die drei Schwestern warten, ist abstrakt, aber man könnte es doch benennen als die Sehnsucht nach einem erfüllten Leben. In Samuel Becketts *Warten auf Godot* ist klar, worauf die beiden Landstreicher Estragon und Wladimir warten: auf einen Mann namens Godot. Doch tatsächlich erhellend ist das nicht. Denn wer Godot ist und wozu sie ihn treffen sollen, das wissen sie nicht. Sie warten auf diesen Mann, der sie immer wieder versetzt und durch einen Botenjungen mitteilen lässt, dass er noch kommen werde und dann doch nicht kommt.

Es ist interessant, wie unterschiedlich dieses ziellose Warten auf das Publikum wirkt. Für den Literaturwissenschaftler Hans Ulrich Gumbrecht ist es ein »Spiegel der Nachkriegsgeschichte«, so hat er 2012 in einem Gespräch mit der *tageszeitung* gesagt: »Das beständige

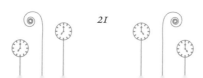

Warten, das Offensein für die Ankunft von etwas, was sich im Leben meiner Generation nie eingestellt hat.« Ganz anders sieht das Andreas Tretner: »Es wird immer gesagt, wie fatalistisch dieses Stück ist«, sagt er. »Ich finde vieles darin sehr heiter.« *Warten auf Godot,* das ist für ihn vor allem die Freiheit zu tun, was man will: und sei es, sich in ziellose Debatten mit dem Freund zu verstricken, Selbstmorde zu planen und Fremde zu piesacken. Warten bei Tschechow und bei Beckett, das ist vor allem eine Leerstelle – und wie man die empfindet, sagt viel über unser Verhältnis zum Brüchigen und dem, was wir nicht festhalten können.

Gut achtzig Jahre nach Tschechow hat der russische Schriftsteller Vladimir Sorokin einen Roman mit dem Titel *Die Schlange* geschrieben, der 1986 in Frankreich veröffentlicht wurde. Es überrascht kaum, dass er damals nicht in der Sowjetunion erschienen ist, denn der Roman spielt im engeren Sinne in einer Warteschlange. Unklar bleibt, worauf die Menschen genau warten, es sind begehrte und zugleich knappe Konsumgüter – letztlich spielt es keine Rolle. Es ist eine ungleich leichtere Stimmung als bei Tschechow, verspielter und gelegentlich satirischer, mit langen Passagen, in denen das Druckbild Kapriolen schlägt, etwa, wenn seitenweise nur Namen aufgelistet sind, während sich die Wartenden in der Schlange ausweisen müssen. »Der Text funktioniert nur, weil die Personen im Warten für anderes freigestellt sind«, sagt Andreas Tretner. Tatsächlich geht es vor allem um ein Paar, das sich beim Warten findet, dann aber wieder trennt und neue Partner findet.

Die Warteschlange als Spielplatz des Lebens, als eine große, verrückte Möglichkeit in einer unfreien Gesellschaft. Jede Zeit hat ihre Form des Wartens, und diese Formen finden sich wieder in der Literatur. Bleibt zu fragen, welche Texte eine Gesellschaft hervorbringt, in der das Warten keine Rolle spielen soll.

Im Wartesaal

Mariana Leky, 40, wartet auf die nächste Romanidee

Man merkt sofort, dass das Thema sie beschäftigt hat: Mariana Leky muss nicht lange in ihrem Gedächtnis kramen, um sich daran zu erinnern, wie mühselig die Zeit nach dem letzten und vor dem nächsten Buch war. Und sie glorifiziert das Autoren-Dasein keineswegs, im Gegenteil, sie hat einen sehr bodenständigen Blick darauf. Als wir telefonieren, ist gerade ihr vielfach gelobter Roman Die Herrenausstatterin *erschienen, ein sehr trauriges und zugleich sehr lustiges Buch über eine junge Witwe, die zwei Schutzengel, ein Feuerwehrmann und der Geist eines Altphilologen, vor dem Absturz in die Verzweiflung bewahren. Trotzdem erinnert sich Mariana Leky gut an die Zeit davor: Wie intensiv sie auf eine Idee gewartet hat – und je dringlicher sie wartete, desto weniger fiel ihr ein. Sie beschönigt nichts, beschreibt es ganz genau. Und sie hat eine heitere Art, sich selbst dabei zuzusehen. »Wie man einem Kind zuschaut, das sich an einer total instabilen Sandburg abarbeitet«, sagt sie. Kein Wunder, dass ihr Sandburgen einfallen, an denen baut sie oft, denn ihr Sohn ist gerade im besten Sandkasten-Alter. Es klingt so, als hätte sie jetzt ein Gefühl für die Mitte gefunden, zwischen dem dringlichen Warten und dem Aus-dem-Blick-Verlieren des Gesuchten: eine schwebende Balance zwischen zu wenig und zu viel Spannung. Aber festhalten lässt sich das nicht.*

Ich würde sagen, beim Schreiben hat man es mit zwei Wartepositionen zu tun. Die erste ist die unangenehme: Es fällt einem nichts Schreibenswertes ein, und man fragt sich: Bin ich überhaupt eine Autorin, wenn ich eine Autorin bin, die gar nicht schreibt? Dann kann man sich sehr schnell reinsteigern in eine Art negativen Größenwahn und sagt sich: Gut, du hast irgendwann einmal etwas geschrieben, aber jetzt fällt dir nichts mehr ein, allen anderen fällt etwas ein, aber *dir* nicht, weil du ganz singulär im Nicht-Einfallen bist. Und dann fällt einem natürlich erst recht nichts mehr ein. Dieser Zustand ist anstrengend, ärgerlich und überflüssig und führt zu nichts, man ist verstellt und vernagelt. Das ist das sehr ermüdende Warten.

Dann gibt es aber noch ein zweites, ein sehr aufregendes Warten. Nachdem man diesen Zustand von »Mir-fällt-sowieso-nichts-ein« überwunden hat, entsteht nämlich doch wieder eine Erwartungshaltung. Aber nicht in dem Sinne, es muss mir jetzt unbedingt etwas einfallen, sondern eher: Ich warte, indem ich mich bereithalte. Ich warte vorbehaltlos, ob da irgendetwas kommt. Da denkt man auch ein bisschen magisch: Man beginnt zu glauben, dass das »Einfallen« nicht nur an einem selbst liegt. Vielleicht kann einem ja auch etwas zufallen. Dafür hält man sich bereit.

Ich habe es mit festen Schreibtisch-Zeiten versucht. Nur ganz kurz, aber das war schrecklich. Ich habe mir vorgenommen, nicht eher vom Schreibtisch zu weichen, bis genau fünf Seiten fertig sind. So etwas funktioniert bei mir einfach nicht. Ich schreibe dann zwar tatsächlich artig fünf Seiten, aber die sind und bleiben miserabel. Es hilft mir viel eher, etwas zu erleben oder spazieren zu gehen. Ich kann am besten an einem neuen Text herumdenken, wenn ich nicht am Schreibtisch sitze, das mache ich immer außerhäusig. Ich gehe erst an den Schreibtisch, wenn wirklich etwas zum Aufschreiben da ist.

Irgendwann meldet sich dann der Verlag und fragt, ob ein neues Buch absehbar ist. Und dann antwortet man schamlos: »Ich habe schon etwas«, dabei hat man noch gar nichts. Und kurz danach ruft man an und sagt kleinlaut: »Ich habe doch noch nicht so viel«, aber damit rechnen die ja auch zum Glück. Und im Grunde ist es toll, dass es jemanden gibt, der fragt, wann kommt denn das nächste Buch. Es ist schön, wenn man weiß, da wartet jemand.

Finanzieller Druck, so schnöde der ist, kann einen auch aus dem unergiebigen, dramatisierenden »Mir-wird-nie-wieder-etwas-einfallen-Zustand«, der fruchtlosen Warterei, herausbugsieren. Dadurch wird das Ganze wieder etwas heruntergekocht, und man sitzt nicht dem Irrglauben auf: Oh, ich muss jetzt aber erstmal diesen berühmten inneren Drang verspüren und bis in die Haarspitzen inspiriert sein.

Es hat sich gut angefühlt, als ich diese verkrampfte Wartehaltung ablegte. Mein Bruder nennt es immer »den Grübel-Dübel ablegen«, wenn ich anfange, mit dieser positiveren Haltung zu warten, so, wie man auf jemanden wartet, in den man verliebt ist. Man hält sich bereit, man malt sich aus, was kommen könnte und wie es dann sein könnte. Das funktioniert.

Für mich hieß das letztendlich, nicht mehr so im inneren, abgeschotteten Wartebereich zu verschwinden, sondern das Buchprojekt von seinem Sockel und mit ins Leben zu nehmen. So kann man zum Beispiel, wenn man gelangweilt in einem Arztwartezimmer sitzt, in den herumliegenden Illustrierten plötzlich die Augenfarbe für die angedachte Hauptfigur finden. Man fängt an, seine Umwelt zu inspizieren und zu involvieren. Man schaut sich um, was man gebrauchen könnte und allein dadurch tut sich schon viel. Indem man Kleinigkeiten wie eine Augenfarbe sammelt, auch wenn man noch gar keine Hauptfigur dazu hat.

Das Buchprojekt steht beim »angenehmen« Warten nicht mehr im Mittelpunkt, im Rampenlicht, nimmt aber überall teil; dadurch kann es viel besser gedeihen.

Das unangenehme, argwöhnische Warten hat auch viel mit Zensur zu tun. In meinen bisherigen Büchern habe ich großen Wert darauf gelegt, dass die Sätze besonders hübsch sein sollten: Mein Lektor hat einmal zu mir gesagt, dass ich arbeite wie eine niederländische Klöppelmeisterin. Es sollten Dinge immer nur angedeutet werden, es war irgendwie alles sehr zurückhaltend. Das verhindert natürlich auch viel. Bei der Arbeit an der *Herrenausstatterin* habe ich an vielen Punkten gedacht: »Das kann man jetzt nicht machen, das ist zu dick, das ist zu kitschig, das ist zu dies, das ist zu das.«

In dem Moment, als dieser Zensor beurlaubt wurde, konnte ich mir viel mehr herausnehmen, in dem Moment fluppte es. Da durfte dann auch dieser großspurige Feuerwehrmann ins Buch kommen. Letztendlich

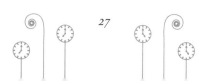

würde ich sagen, es war fifty-fifty: zweieinhalb Jahre argwöhnisches Warten und zweieinhalb Jahre sich bereit halten.

Manchmal hilft es mir auch, mich für das Anfangen an einen komplett unbekannten Ort zu setzen. Bei der *Herrenausstatterin* war das Prag. Die Hauptfigur hatte ich damals schon sehr lange im Kopf, in Prag gesellten sich die anderen Figuren dazu, in denen sich diese arme Hauptfigur, die jahrelang ohne Mitspieler in meinem Kopf gehaust hatte, endlich spiegeln konnte.

Am liebsten wäre mir, ich könnte einfach lässig denken: Mal kommt ein Buch, mal nicht. Aber wenn ich ehrlich bin, glaube ich, dass es gerade in solchen unsicheren Berufen gut ist, eine Routine, eine Regelmäßigkeit zu haben. Auch wenn mir das bisher noch nicht gelungen ist. Natürlich rutscht man auch sofort nach der Abgabe eines Manuskripts wieder in diese Verkrampfung, aber man geht ein bisschen anders damit um. Wenn ich ein Buch schreibe, schreibe ich ständig daran, aber bis es soweit ist, setze ich mich nicht mehr jeden Tag an den Schreibtisch und erwarte und starre vor mich hin.

Ich habe das Gefühl, das ungute Warten verkürzt sich. Es wird zu etwas, das man durchwinken kann, das man nicht mehr so ernst nimmt. Man schaut dem Warten zu, wie man einem Kind zuschaut, das sich an einer total instabilen Sandburg abarbeitet, bis es von selber merkt, dass es nicht funktioniert.

Ein Gespräch mit der Schauspielerin Victoria Trauttmansdorff

Victoria Trauttmansdorff ist gelassen. Nein, es ist kein Problem, wenn ich noch kurz in die Drogerie gehe, um Batterien für mein Aufnahmegerät zu kaufen, sie wird im Café warten. Sie läuft noch einer jungen Kollegin hinterher, die gleich Premiere hat, um ihr über die Schulter zu spucken, aber die Frau ist schon verschwunden. Ein Mann, der am Nachbartisch mit zwei japanischen Frauen sitzt, erkennt sie als Schauspielerin, aber er weiß nicht recht, ob am Hamburger Schauspielhaus oder am Thalia Theater. Victoria Trauttmansdorff ist nicht pikiert. Der Mann erfährt, dass es in dem Interview ums Warten gehen soll: »Ich glaube, man muss sich finden lassen«, sagt er.

Das ist etwas, was man auch über ihr Warten sagen könnte: die Zuversicht, dass die Rollen sie finden werden. Gerade spielt sie die Generalin Anna Petrowna in Tschechows Platonow *am Thalia Theater. Dort ist die 53-jährige gebürtige Wienerin seit zwanzig Jahren festes Ensemblemitglied. Und was das kleine Warten anbelangt, das Schauspieler-Warten vor dem Auftritt, das liebt sie ohnehin. Zu Beginn des Gesprächs wirkt sie noch ein bisschen zerstreut, aber spätestens als es um Rituale und Familiengeschichten geht, ist Victoria Trauttmansdorff ganz bei der Sache.*

Wird im Theater viel gewartet?

Das Warten spielt in unserem Beruf eine Riesenrolle: Warten auf gute Rollen, Warten während der Proben – aber am meisten muss man natürlich während der Vorstellungen warten. Wenn du nur am Anfang und am Ende eines Stückes einen Auftritt hast, hast du ja manchmal drei Stunden Zeit. Das Lustige ist, dass du dir so eine Vorstellung dann genau einteilst: Nach der ersten Szene bleibst du unten, nach der zweiten gehst du hoch, dann wartest du vielleicht oben, da hast du dann den Gesprächspartner, den du immer hast, dann ziehst du dich um, dann gehst du runter, hörst noch ein bisschen zu, um zu sehen, wie es läuft, dann wartest du im Konver, das ist das Konversationszimmer.

Was ist das für ein Raum?

Ein Warteraum, für die Zeit während der Vorstellungen. Bei uns gibt es dort zwei Ledersofas, einen Spiegel, ein Telefon und einen Wasserspender – das ist alles. Man darf rauchen. Was für die Nichtraucher bedeutet, dass sie oft nicht dort sitzen. Es wird sehr viel Backgammon gespielt am Theater, beim Warten. Wenn du nur noch eine kleine Szene hast, trinken manche auch ein Bier. Dann wartet man auf die Maske, dass man umgeschminkt wird. Man wartet auf die Garderobiere, bis die jemand anderen umgezogen hat, man wartet zwischen Maske und Aufführungsbeginn, das dauert oft noch eine oder sogar anderthalb Stunden, bis es anfängt. Die Garderobieren stricken sehr viel und quatschen wild. Die Maske auch.

Ist es eine Zeit, in der man das Gefühl hat, man muss sie auch füllen, weil es sonst eine tote Zeit ist?
Nein, überhaupt nicht. Es gibt zum Beispiel richtige Stückfreundschaften, wo du mit jemandem viel wartest, dann weißt du genau: Ah, jetzt haben wir unseren Moment im Konver, jetzt gehen wir beide in die Garderobe, jeder alleine, und dann treffen wir uns wieder in der Kantine. Es sind Wartefreundschaften.

Das klingt so, als würden Sie die Wartezeit genießen.
Die ist schön! Zum Beispiel habe ich in einem Stück, *Geschichten aus dem Wienerwald* von Horvàth, mit der Elisabeth Schwarz gespielt, ewig her, die damals eine sehr berühmte Kollegin war. Ich habe ihre Tochter gespielt. Da haben wir am Anfang eine Riesenszene gehabt, dann am Schluss nochmal zwei Riesenszenen und dazwischen zwei Stunden Wartezeit. Ich glaube, ich habe in der Zeit ihr gesamtes Leben erfahren, alles. Es ist sehr intensiv, es stört dich ja auch niemand, es gibt kein Telefon, nichts. Heute gibt es Handys, aber die wenigsten telefonieren im Theater, höchstens in den Garderoben.

Und wie ergeht es Ihnen beim Film?
Beim Film gibt es die meiste Wartezeit! Das ist ganz anders als beim Theater – da wirst du ja sozusagen fürs Warten bezahlt. Du wartest ja manchmal acht Stunden am Stück.

Ist das ein großes Manko?

Das ist ja eine Welt, die ihre eigenen Gesetze hat, so ein Dreh. Klar ist es manchmal langweilig. Es ist nicht so ritualisiert wie beim Theater, weil du nie weißt: Bin ich jetzt gleich dran, wie lange brauchen die? Oder das Wetter schlägt um, oder irgendetwas geht nicht.

Mussten Sie sich daran gewöhnen?

Na, da ist man voller Respekt. Ich glaube, der einzige Grund, warum Leute sich beschweren, ist, wenn die Organisatoren sich irgendwie verplant haben: Wenn du um fünf aufstehen musst und dann bis zwei wartest. Aber sonst ist es so sehr Teil des Berufs, dass man sich fast als unprofessionell outen würde, wenn man sich da beklagte. Das System ist ja extrem auf Geld orientiert, im Gegensatz zum Theater, da wird ohnehin versucht, alles sehr effizient zu organisieren.

Nehmen Sie sich für die Wartezeit Sachen mit, die Sie sonst aufschieben – das Buch, das man schon lange hätte lesen sollen?

Nein, ein leichtes Buch. Es ist eine Zeit, in der man so ein vollkommenes Vakuum für sich hat. Man ist ja aktiv und gleichzeitig auch ein bisschen passiv. Es ist eher ein Rückzug. Beim Film ist das ein hochbezahltes Warten, man verdient 2000 Euro pro Tag, da ist es dann auch toll, zu warten.

Sind die Pausen, das Abwarten auf der Bühne, wichtig für Ihre Arbeit?
Zu wenig, glaube ich oft. Eigentlich ist es sehr wichtig, und einige Schauspieler beherrschen das extrem gut. Es ist unglaublich, wenn du den Zuschauer mit in die Stille nehmen kannst.

Ist es eine Frage des Selbstbewusstseins, dieses »Alle warten auf mich« auszuhalten?
Das kann auch wahnsinnig langweilig sein. Ich bin mehr für die schnellen Anschlüsse, aber es gibt Momente, da spürst du einfach auf der Bühne, dass du den Zuschauer hast – aber du musst zugleich aufpassen, diesen Moment nicht zu überdehnen.

Dann gibt es noch das Warten auf Rollen – auf gute Rollen vor allen Dingen.
Ja, das ist natürlich hart für den Schauspieler. Weil der sein Leben damit verbringt, auf Rollen zu warten, die gut sind. Und der Schauspieler neigt dazu, die Rolle, die er hat, zwar zu würdigen, aber eigentlich denkt er immer: Was kommt jetzt, wer liebt mich, wer gibt mir … Es muss ja immer weitergehen, du definierst dich nur über das, wofür man dich besetzt, über die Rolle, die du bekommst.

Das klingt wie ein extrem unattraktives Warten, weil man selbst so wenig dabei tun kann.
Ich glaube, dass es so ist, wie neben dem Telefon zu sitzen und auf den Anruf des Geliebten zu warten. Es ist

so ein Demutswarten. Auf irgendwelche Veranstaltungen zu gehen, wo Leute sind, die genauso auf Rollen warten wie du, und dann warten, dass der Richtige dich anspricht. Ich war nie freischaffend. Also, ich freu' mich über jedes Angebot, und manchmal warte ich schon, aber ich habe nicht dieses Warten, bei dem es um Leben und Tod geht, das muss arg sein.

Gibt es Rollen, bei denen Sie sagen: Ich warte auf den Tag, an dem ein Regisseur oder eine Regisseurin kommt und sie mir anbietet?
Nein. Meine Begabung ist eher, im Moment zu sein. Ich würde mich natürlich freuen, aber ich denke nicht jeden Tag: Wann kommt die Medea, wann kommt die große Filmrolle? Du bist in dem Beruf auch sehr gezwungen, den Augenblick zu sehen: Was mache ich aus dem, was ich habe? Es nützt ja nichts, von der Penthesilea zu träumen, wenn du in der Vorabendshow die Kellnerin spielst. Du weißt nie, ob du nicht von einem Tag auf den anderen gar keine Rolle mehr kriegst, selbst im festen Engagement kann es vorkommen, dass du dann plötzlich nur noch kleine Rollen spielst.

Es klingt so, als hätten Sie wenig gewartet, und wenn, dann gern.
Ich hab' eine Zeitlang auf gute Rollen gewartet, und zwar, nachdem ich meine zwei Kinder bekommen hatte, so ab dreißig, zweiunddreißig. Dann kommt ja auch eine Phase bei Schauspielerinnen, in der sie nicht mehr die jungen Mädchen sind, und wenn sie typbedingt

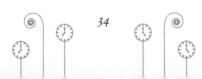

auch nicht so damenhaft sind, ist das oft eine schwierige Zeit: Wie definiert man sich, wie wird man gesehen? Dann wurde ich krank, und nach meiner Krankheit, da war ich 38, bekam ich wieder bessere Rollen.

Konnten Sie etwas dafür tun oder war das etwas, was einfach passierte?
Ich war vermutlich geprägter – oder berührter, gezeichneter auch. Und dadurch vielleicht auch mehr bei mir. Es fehlte mir dieses romantische Gefühl, ah, ich möchte dringend das Gretchen sein, sondern ich bin halt ich, und was passiert, passiert mit mir.

Wie haben Sie diese Zeit nach der Geburt der Kinder, diese Übergangswartezeit, erlebt?
Als Stress, als ein Sich-nicht-geachtet-Fühlen. Ich hatte kleine Kinder, aber ich musste trotzdem sehr viel arbeiten. Ich musste dann eben kleine Rollen spielen.

Macht einen das demütiger oder eher unabhängiger?
Beides.

Wenn Sie jetzt Tschechow spielen, haben Sie dann das Gefühl, dass seine Figuren ihr Leben lang darauf warten, dass das eigentliche Leben beginnt?
Nein, überhaupt nicht. Die sind immer so aktiv, die reden so viel, die beschäftigen sich: Was machen wir jetzt, und ja, wir machen ein Fest, nein, wir machen kein Essen, wir müssen das machen, das muss so sein. Ich glaube, das Warten erlebt eher der Zuschauer, der

denkt: Oh Gott, wie viele Stunden sitze ich hier eigentlich ab, da passiert ja gar nichts.

Warten die Figuren auf das eigentliche Leben?
Genau – aber es kommt nicht. Oder sie projizieren: Das wird toll, wenn wir da sind, oder wenn das passiert. Die drei Schwestern warten zwar, aber eigentlich warten sie auch nicht. Sie sagen immer: Es wird gut, wir gehen nach Moskau. Die sagen ja nicht: Oh, wann fahren wir endlich nach Moskau, sondern: Nein, wir schaffen das jetzt, jetzt wird das so gemacht.

Man fragt sich, inwieweit sie das selber wirklich glauben.
Das ist natürlich immer eine Deutungsfrage. Glauben sie es, glauben sie es nicht, verschwenden sie ihre Zeit? Die eine verliebt sich, die andere wird Lehrerin und jammert über ihr Leben, und dann ist da diese schreckliche Frau ihres Bruders, die sie alle quält. Sie warten im Grunde auf die Erlösung.

Das klingt so, als könnten Sie die Figuren spielen, aber mit diesem Lebensgefühl nicht viel anfangen.
Doch, total! Aber ich empfinde dieses Lebensgefühl nicht als ein Warten. Ich glaube, es ist eher eine ungestillte Sehnsucht oder eine Leere. Sie warten natürlich, aber ich würde sagen: Es ist ein aktives oder aktionistisches Warten.

Es kommt natürlich auch darauf an, wie man Tschechow spielt. Also zum Beispiel beim *Kirschgarten*, der gerade am Thalia Theater gespielt wird, da sitzen sie

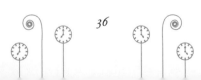

wirklich nur auf Stühlen und warten. Wir im *Platonow*, wir machen viel und sind beschäftigt.

Wirft man den Figuren nicht trotzdem vor, dass sie ihr Leben einfach vergehen lassen?
Das Anrührende der Figuren ist, dass sie träumen. Sie sagen ja immer: Es wird, wir finden ein besseres Leben, wir werden das schaffen. Deshalb liebt man sie ja auch so, weil der Zuschauer ihre Situation viel schärfer sieht als sie selbst.

Hat Sie selbst das viele Warten geprägt?
Ich habe eigentlich oft Sehnsucht nach dem Warten, nach dem Leerlauf. Ich bin ja Österreicherin.

Warten die Österreicher lieber?
Die Wiener sitzen ja sehr viel herum, die sitzen im Kaffeehaus und reden. Es ist diese ein wenig passive Art, sein Leben zu gestalten. Mein Vater zum Beispiel hat sein Leben lang eigentlich nur gesessen, und sein Traum war es, in einem Sessel zu sitzen und Zeitung zu lesen. Das hat etwas Tschechowsches, und deshalb ist mir das auch überhaupt nicht fremd. Aber das war kein aktives Warten.

Hat Sie das gestört?
Dadurch, dass das in unserer Familie nicht unkompliziert war, dass er so passiv war, habe ich ein gespaltenes Verhältnis zu diesem unaktiven Warten und zu diesem unaktiven Leben. Ich bin eher ungeduldig, wenn ich auf

etwas warte. Aber im Theater und beim Film ist es ja immer ein Warten darauf, dass etwas passiert, was oft sehr schön ist.

Und jetzt haben Sie Sehnsucht nach dem Warten?
Ja, weil die Welt oft so hektisch ist. Ich finde diese Momente, in denen einfach nichts ist, angenehmer. Das ist eine geschenkte Zeit. Dieses ritualisierte Warten beim Theater, dieses Warten im luftleeren Raum hat etwas total Schönes. Während dieses Auf-etwas-Warten, das ist furchtbar. Warten, dass etwas passiert. Dass die Erfüllung kommt. Dass jemand sich meldet. Entsetzlich.

Haben Sie das bei jemandem miterlebt?
Ich hatte eine Tante, die hat, glaube ich, ihr Leben lang gewartet, dass etwas passiert. Sie hat in Österreich einen Großgrundbesitzer geheiratet, und sie lebten ein recht feudales Leben auf dem Land, wo sich Fuchs und Hase gute Nacht sagten. Sehr tschechowsch, im Grunde genommen. Sie war in London aufgewachsen und hat ihr Leben lang gewartet, dass sie wieder in England lebt, dass dieses Österreich an ihr vorbeizieht. Aber sie war dabei völlig passiv, sie hat nichts dafür getan, außer manchmal hinzufahren. Sie las nur englische Zeitungen und hat hauptsächlich Englisch geredet – und einmal den tollen Satz gesagt: Immer wenn ich auf die Uhr schaue, ist es viertel nach vier am Nachmittag. Für sie war es immer diese Zwischenzeit.

Gibt es ein Mittel dagegen?

Ich glaube, dass sich das Warten heutzutage so verändert hat, weil unser Leben viel weniger ritualisiert ist. Darüber denke ich oft nach. Meine Großeltern haben nie gewartet, weil sie immer genau wussten, was sie machen mussten. Sie sind aufgestanden, haben sich angezogen, gefrühstückt, haben sich immer zur selben Zeit gewaschen, immer zur selben Zeit ihr Bett gemacht, zur selben Zeit Kaffee getrunken. Als meine Großmutter alleine lebte, hat sich daran nichts geändert. Sie lebte so, als würde sie mit jemandem leben, durch ihre Rituale und ihre Struktur. Das war, glaube ich, früher viel, viel verbreiteter. Das darunterliegende Warten war nicht so offensichtlich.

Zwei von drei Deutschen sind nicht bereit, länger als
5 Minuten auf eine Verabredung zu warten.

Die längste Anwartschaft auf die Thronfolge
in der Geschichte des englischen Königreichs:
Prinz Charles wartet seit 62 Jahren.

Geduld als Startkapital

Es ist sonderbar: Wir werden immer ungeduldiger, aber Restposten von Geduld versuchen wir, unseren Kindern dennoch anzuerziehen. Warte, bis das Essen abgekühlt ist, warte, bis ich dir die Jacke geholt habe, warte, bis ich zu Ende telefoniert habe. Unser Verhältnis zur Geduld, also der Fähigkeit zu warten, ist hoch ambivalent. Theoretisch betrachten wir sie als Tugend, praktisch besitzen wir sie nicht. Und sind inzwischen auch nicht mehr sicher, ob die Geduldigen nicht vielleicht zu wenig forsch, zu zurückhaltend sind. Es gibt eine Stiftung in den USA, The Long Now Foundation, die eine Uhr in einem Berg im westlichen Texas baut, die nur einmal pro Jahr tickt und deren Zeiger sich nur alle einhundert Jahre bewegt. Der Kuckuck kommt alle tausend Jahre heraus. Die Stiftungsmitarbeiter sagen, dass sie mit der Uhr den Sinn für eine Zukunft schärfen wollen, die außerhalb ihres eigenen Lebens liegt.

Wir sind fasziniert von Menschen, die sich fernab des täglichen Gerennes behaupten, aber die alte Frau, die in der Schlange vor uns steht und mit der Kassiererin plaudert, treibt uns zur Weißglut. Wir ahnen dunkel, dass Geduld zu etwas gut sein kann, aber man hat uns zu lange erzählt, dass wir effizient mit unserer Zeit umgehen müssen, als dass wir dieser Ahnung nachgehen könnten.

Warum aus geduldig wartenden Kindern erfolgreiche Erwachsene werden

Als ich eine Bekannte frage, ob das Warten-Können in der Kinder-Psychologie noch eine Rolle spielt, reagiert sie nahezu leidenschaftlich. Sie schickt mir noch nachts eine lange E-Mail, in der sie schreibt, dass warten zu können die Voraussetzung für das Lernen ist, für Höflichkeit und dass es Freiheit bedeutet. Kurzum, sie nennt es »einen Schlüssel zum Glück«. Sie ist eine temperamentvolle Frau, Psychologin und seit vielen Jahren Familienberaterin, die weiß, wovon sie spricht. »Warten«, sagt sie, »bedeutet Belohnungsaufschub aushalten zu können«. Also eine Geschichte zu Ende zu lesen, auch wenn der Sinn sich für ein Kind (oder auch für einen Erwachsenen) nicht sofort entfaltet, bei einem Experiment so lange zu tüfteln, bis es gelingt, und sei es der Turm aus Bauklötzen, der schließlich stehen bleibt. Und erst ein Kind, das warten kann, so erklärt es die Familienberaterin, kann ein höfliches Kind sein: weil es nur dann aushält, dass ein anderer beim Mittagessen zuerst den Teller gefüllt bekommt, dass ein anderer zuerst ein Spielzeug ausprobiert.

Meine Bekannte hat einen prominenten Vorläufer in ihrer Hochschätzung des Wartens: den Psychologie-Professor Walter Mischel von der Stanford-Universität, dessen Marshmallow-Experimente in den siebziger Jahren für Aufsehen sorgten. Mischel bot dabei Kindern an, entweder direkt ein Marshmallow zu bekommen oder aber, falls sie warten könnten, bis der Versuchsleiter zurückkäme (was nach etwa fünfzehn Minuten geschah), zwei essen zu dürfen. In weiteren Studien zeigte sich, dass die Kinder, die warten konnten, später nicht nur selbstbewusster waren, sondern auch beruflich erfolgreicher und sozial kompetenter. Bei einer Nachfolgestudie 2010 erwies sich außerdem, dass diejenigen, die als Kinder ausdauernder warten konnten, als Erwachsene besser mit Stress umgingen, weniger Kokain und Crack nahmen und – in den Fitness-besessenen USA nicht zu unterschätzen – seltener übergewichtig waren. Kurz: Es war genau der Nachwuchs, den sich erfolgsorientierte Eltern wünschen. Einige von ihnen gingen dazu über, ihren Kindern solche Belohnungen in Aussicht zu stellen, die das Warten-Können zusätzlich trainierten, zum Beispiel Tickets, die erst später einlösbar waren.

In Blogs wie »Raising CEO Kids« (»künftige Chefs aufziehen«) oder »Growing Rich Kids« (»reiche Kinder großziehen«) erfahren Eltern heutzutage, wie sie ihren Kindern erklären, welchen finanziellen Segen die Fähigkeit abzuwarten mit sich bringt. Das mag man als Auswüchse von Turbo-Kapitalismus und Wettbewerbsängsten der akademischen Mittelschicht belächeln (oder sich davor gruseln). Doch die Erziehungsideale, die dahinter stehen, sind viel älter als Blogs und Motiv-T-Shirts. In den nahezu unbekannten *Jugenderinnerungen eines deutschen Professors* des Theologen Mark Lidzbarski aus dem Jahr 1927 lässt sich nachlesen, wie er als Kind zum Warten ermahnt wurde. Als er mit seinem Großvater spazierengeht, fragt ihn dieser, was er täte, wenn er einen Groschen von ihm geschenkt bekäme. Die beiden gehen gerade an einem Obstladen vorbei, und das Kind sagt: »Ich würde eine Apfelsine kaufen.« Der Großvater ist unfroh über die Antwort. Mit einem Groschen könne man tatsächlich nicht viel anfangen, sagt er, aber wenn der Junge ein anderes Mal wieder einen Groschen und dann noch einen geschenkt bekäme, dann könne er einen Psalter oder ein noch schöneres Buch davon kaufen. »Dann hast du doch etwas, was dir bleibt«, sagt der alte Mann. »Kaufst du dir eine Pomeranze, so ißt du sie auf, dann ist die Pomeranze weg, und das Dittchen (das ist der Groschen) ist auch weg«.

Der US-amerikanische Autor und Finanzexperte Frank Partnoy hat mehrere hundert Studien gelesen, über hundert Experten interviewt und dann 2012 ein großes Plädoyer für das Abwarten geschrieben: *Wait – the art and science of delay* (Warten – Die Kunst und Wissenschaft der Verzögerung). Partnoy mag als früherer Investmentbanker auf den ersten Blick nicht der am nächsten liegende Verfechter von Entschleunigung und Momenten des Innehaltens sein. Doch es sind wohl gerade seine Erfahrungen an der Wall Street, die ihn haben fragen lassen, wie man die besten Entscheidungen trifft, und so bleibt er dem Optimierungsgedanken treu – nur dass er Tempo für einen schlechten Berater hält. Partnoys These ist schnell erzählt: Man soll sich so viel Zeit wie möglich für Entscheidungen nehmen. Interessant sind einige der Felder, die er aussucht, um die Vorteile des Abwartens zu demonstrieren. Etwa beim viel zitierten ersten Eindruck, der ja gerade durch die Schnelligkeit seines Entstehens sprichwörtlich ist.

Wie verlässlich er ist, haben die Psychologen Nalini Ambady und Robert Rosenthal von der Harvard-Universität 1993 in einer Studie untersucht, bei der Probanden eine Folge kurzer stummer Videos über Lehrer sahen und sich auf dieser Grundlage ein Urteil über sie bilden sollten. Ergebnis des Versuchs war, dass die Probanden zu ähnlichen Schlüssen kamen wie Studenten und Supervisoren, die sich monatelang in den Klassen der Lehrer aufgehalten hatten. Die Ergebnisse stießen in der breiten Öffentlichkeit auf Wohlgefallen: Endlich schien wissenschaftlich bestätigt, dass die Blitz-Urteile, die man im Alltag fällt, treffsicher sind. So konnte sich jeder und jede als Experte in Sachen Menschenkenntnis fühlen.

Zu ähnlichen Ergebnissen war bereits 1930 der Psychologe Gordon Allport gelangt: Gegründet auf einen begrenzten Kontakt könnten Menschen breite Schlussfolgerungen über ihr Gegenüber ziehen. Die meisten von Allports Kollegen blieben damals jedoch skeptisch. Und, folgt man Partnoy, auch völlig zu Recht. Zwar realisieren wir bestimmte Merkmale tatsächlich in Sekunden, aber das sind lediglich die, die wir in grauer Vorzeit brauchten, um Feinde zu identifizieren: Geschlecht, Alter, Rasse.

Bedenklich werden die Schnellschuss-Urteile, sobald sie sich mit Vorurteilen verbinden. Forscher haben das in einer Studie gezeigt, in der es um die Bereitschaft von Ärzten ging, einem hypothetischen Mr. Thompson, der mit Brustschmerzen in der Notaufnahme erscheint, Medikamente gegen Blutgerinnsel zu verschreiben. Auf den

Fotos, die vom angeblichen Mr. Thompson gezeigt wurden, waren teils Weiße, teils Schwarze zu sehen. Zudem wurden die Ärzte nach ihrer Einstellung zu Rassenfragen interviewt. Es stellte sich heraus, dass die Mediziner, obwohl sie erklärt hatten, nicht voreingenommen zu sein, dem weißen Patienten deutlich eher Medikamente verschrieben als dem mutmaßlich schwarzen.

Interessant ist, was geschah, wenn sich die Probanden der Stoßrichtung des Experiments bewusst waren. Eine kleine Gruppe von Ärzten mutmaßte bereits vor Beginn des Verschreibungsexperiments, dass es dabei um Rassen-Voreingenommenheit gehen werde. Diese Ärzte verschrieben überproportional oft das Thrombolyse-Medikament für den schwarzen Patienten.

Für Partnoy ist dieses Umsteuern ein ausgezeichnetes Argument für Entscheidungen, die möglichst spät fallen: Wer kurz innehält und mit seinem endgültigen Urteil wartet, kann prüfen, ob die eigene Entscheidung durch unbewusste Stereotypen verzerrt wurde. Partnoy schreibt: »Eine kluge Entscheidung erfordert Reflexion, und Reflexion erfordert eine Pause.«

Die Fähigkeit, abzuwarten und zukunfts- statt gegenwartsorientiert zu handeln, ist eine Tugend, die die bürgerliche Mittelschicht schon immer hochgehalten hat – und die für soziale Errungenschaften wie das Rentensystem gesorgt hat. Es überrascht daher nicht, dass jedes Verhalten, das nur die Gegenwart im Blick hat, verpönt ist. Hierin sind die beiden Sündenfälle des westlichen Mittelschichtlers, sei es Kind oder Erwachsener, verwandt: Zügellosigkeit und Prokrastination, was schlicht Aufschieben bedeutet. Das Aussitzen ist die Kehrseite des Warten-Könnens. Anders gesagt: Der hässliche Bruder der Geduld ist die Prokrastination, ein Name, der klingt wie eine Hautkrankheit. Sie zu verteufeln, hat eine lange Tradition. Schon im 18. Jahrhundert schrieb der Geistliche Jonathan Edwards in Neuengland eine Predigt mit dem Titel »Procrastination or the Sin and Folly of Depending on Future Time« (»Prokrastination oder die Sünde und Torheit, sich auf die Zukunft zu verlegen«), und in den siebziger Jahren fand diese Verdammung eine zeitgemäße Fortsetzung in einer Anti-Prokrastinierungs-Industrie, die mit Büchern, Seminaren und Trainern das Übel des Aufschiebens ausrotten wollte.

Psychologen wie Jane Burka, die mit ihrem Handbuch gegen das Prokrastinieren einen Bestseller geschrieben hat, machen tief liegende Ängste für das dauernde Aufschieben verantwortlich: Die Prokrastinierer seien Menschen, die sowohl Erfolg als auch Scheitern fürchteten. Sie warteten ab, weil sie Angst haben, »dass ihre wahren Fähigkeiten evaluiert werden«. Es gibt sogar Stimmen, die das Prokrastinieren in die Nähe von psychischen Krankheiten rücken, sei es als bipolare Störung oder Verwandte von ADS, dem Aufmerksamkeitsdefizitsyndrom. Frank Partnoy kann die Gefahren des Prokrastinierens nicht wegdiskutieren, aber er bietet alles auf, um das Aufschieben in ein zumindest milde positives Licht zu rücken. Dazu unterscheidet er zwischen passivem Prokrastinieren – das dumm und faul sei – und dem aktiven Aufschieben. Das wiederum bedeute schlicht

Zeitmanagement: nämlich Dinge, die nicht direkt getan werden müssen, zu verschieben.

Die Unfähigkeit abzuwarten, verstanden als Mangel an Selbstdisziplin, ist eng verwandt mit dem Prokrastinieren – und damit ebenso verpönt im bürgerlichen Erziehungskosmos. Wirtschaftswissenschaftler haben eine Einheit gefunden, die diese Eigenschaft plötzlich sehr messbar erscheinen lässt. Der Diskount-Faktor nämlich beziffert den Wertverlust, den Menschen dafür in Kauf nehmen, dass sie etwas direkt bekommen. Er beträgt zum Beispiel 9/10, wenn man 100 Euro, die man nach einem Jahr erhält, gleich setzt mit 90 Euro, die man sofort bekommt.

Hohe Diskount-Raten korrespondieren mit einem Verhalten, das sozial unerwünscht ist: Die Menschen, die für das Nicht-Warten-Müssen einen hohen Abschlag hinnehmen, sind Partnoy zufolge dicker, haben mehr Schulden und weniger Ersparnisse. Sie rauchen mehr, konsumieren mehr Alkohol, treiben weniger Sport, sind kürzer in Jobs und häufiger geschieden. Und damit nicht genug: Heranwachsende mit hoher Diskount-Rate verhalten sich impulsiver und öfter selbstzerstörerisch, außerdem sind sie schlechter in der Schule – wobei ihre Diskount-Rate doppelt so ausschlaggebend für den Schulerfolg ist wie der IQ. Es sind die Kinder, die den Marshmellow sofort verschlungen haben.

Als Beispiel für diese Impulsiven dienen, Klischee hin oder her, oft die Südeuropäer, als Gegenbeispiel für die nüchtern wartenden Nordeuropäer. Interessanterweise verläuft an dieser Grenze auch eine ökonomische

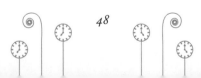

Schranke. Frank Partnoy, der frühere Banker, stellt die interessante Frage, ob die Menschen mit geringer Wartetoleranz, also die Impulsiven, arm sind, weil sie eine höhere Diskount-Rate haben oder eine höhere Diskount-Rate zeigen, weil sie arm sind. Er beantwortet sie nicht. Aber es lohnt sich, darüber nachzudenken, weil es einen darauf stößt, wie sehr das Warten-Können einerseits moralisch belegt ist – und wie sehr unsere Konsum-Gesellschaft uns gleichzeitig dazu erzieht, nicht zu warten. Die Ratenzahlung wird den Kunden nahezu aufgedrängt, damit sie nicht etwa erst sparen, bevor sie das Erwünschte kaufen. Das Geschäft soll laufen – und verträgt kein Abwarten, bis man sich das Produkt leisten kann. Es ist auch lange kein Kriterium mehr, ob etwas noch seine Funktion erfüllt oder nicht: dass die neue Generation des iPhones, iPads oder Autos auf dem Markt ist, soll Grund genug sein zuzulangen.

Abzuwarten, das wirkt schnell zögerlich und bedenkenträgerisch, wo wir doch dynamisch und entscheidungsstark sein wollen. Auch die Phalanx der bürgerlichen Eltern scheint nicht mehr so fest zu stehen, wie sie es einmal tat. Meine Bekannte, die Familienberaterin, erzählt, dass viele der Eltern, die mit ihren Kindern zu ihr kommen, erst einmal zurückprallen, wenn sie zu den Kindern sagt: »Du wartest jetzt, solange die anderen sprechen.« Zu warten, so meint sie, wird als Zumutung für die Kinder erlebt und vermieden, wo immer es geht. Denn die Disziplinierung, die damit einhergeht, sei aus der Mode gekommen. Warum? Das ist schwer zu sagen. Man fürchtet, sich die Zuneigung der Kinder zu verscherzen. Und: Man wartet selbst nicht mehr – warum sollten es die Kinder tun? In einer Gesellschaft, in der der Advent im Oktober mit den Lebkuchen im Supermarkt beginnt, ist es wenig überzeugend, den Kindern etwas von der Schönheit des Wartens zu erzählen. Nichtsdestotrotz nimmt man ihnen diese Erfahrung, genauer, die Möglichkeit, es zu erlernen.

Man kann in unserer Gesellschaft systemimmanent durch Warten erfolgreich sein: Der frühere Banker Partnoy beschreibt Börsenleute, die im Hochgeschwindigkeits-Aktienhandel durch Millisekunden, die sie abwarten, bessere Geschäfte tätigen. Fehlgetretene Politiker, die den Zeitpunkt ihrer Entschuldigung perfekt abpassen – nicht zu früh und nicht zu spät, um überzeugend zu sein –, haben größere Chancen, im Amt zu bleiben. Aber es gibt auch ein Warten-Können, das auf leise Art subversiv ist: Wie das des australischen Physikers John Mainstone, der an der Universität von Queensland in Brisbane ein Experiment fortsetzte, das 1927 begonnen wurde. Es ging bei diesem längsten Labor-Versuch der Welt darum festzustellen, ob sich Pech wie eine Flüssigkeit verhält: Dazu füllte der Initiator, Thomas Parnell, Pech in einen Glastrichter, wartete drei Jahre ab, bis es sich auf den Grund gesetzt hatte, und öffnete den Trichter. Seitdem warteten erst er und ab 1961 John Mainstone darauf, dass sich ein Tropfen löste. Das ist in den folgenden dreiundachtzig Jahren acht Mal geschehen – gesehen hat es jedoch nie jemand. In den neunziger Jahren wurde eine Kamera vor dem Glas installiert, um den Moment des Tropfens nicht zu verpassen – aber ausgerechnet als 2000 einer fiel, war Mainstone auf Dienstreise, und die Kamera versagte. Mainstone und Parnell erhielten für das Pech-Experiment den Ig-Nobelpreis, eine ironische Auszeichnung für besonders sonderbare wissenschaftliche Leistungen – solche, die »die Menschen erst zum Lachen und dann zum Nachdenken bringen«, wie es in einer Beschreibung der Zeitschrift *Nature* heißt. John Mainstone, der prophezeit hatte, dass der nächste Tropfen 2013 fallen würde, ist im August des gleichen Jahres gestorben. Bei der Verleihung des Preises hatte er gesagt: »Einige an unserer Universität hoffen, dass das Experiment noch mindestens hundert weitere Jahre dauert.«

Mainstones Warten war keines, das zu absehbaren Erfolgen geführt hätte. Dennoch pilgerten täglich bis zu einhundert Interessierte zu dem unauffälligen Glas mit der schwarzen Pech-Masse darin. Sie werden kaum einen Tropfen gesehen haben. Aber sie haben einen Eindruck erhalten von einem Experiment, das völlig andere Zeitintervalle voraussetzt als die, in denen wir sonst leben und denken. Eines, das lebenslange Geduld erfordert. Und von einem Menschen, der wartet, weil ihn die Sache selbst fasziniert und nicht ein Profit, der sich in näherer oder weiterer Zukunft daraus schlagen ließe. Warten können, kann unabhängig machen – und in diesem Sinne vermutlich tatsächlich glücklich.

Im Wartesaal

Jule, 6, wartet auf den Schulbeginn

Jule ist das mittlere von drei Kindern, ihr älterer Bruder geht schon in die Schule. Sie ist schmal mit langen dunklen Haaren und trägt fast immer Kleider und Haarspangen, die rosa sein sollen. Sie ist ein Kind, das gern redet, viel und schnell, eines, das immer etwas tut und manchmal genau das, was verboten ist. Und dann, wenn es drauf ankommt, ist sie die Große und hilft der Großmutter, wenn die alle drei Kinder bändigen muss und die Kleinste streikt.

Jule hätte vor ein paar Wochen eingeschult werden können, aber ihre Eltern haben entschieden, noch ein Jahr zu warten. Der Vater war unsicher, ob seine Tochter wirklich vernünftig Auskunft geben kann auf die Frage, wie das ist, darauf zu warten. Aber siehe da: Jule sitzt am Esstisch und erklärt ernsthaft und mit Nachdruck, wie dringend sie Hausaufgaben braucht. Und warum Warten blöd ist.

Ich warte darauf, dass ich in die Schule komme. Es macht dort mehr Spaß als in der Kita, weil man da viel machen kann. In der Kita mache ich nur so Zettel von der Vorschule. Ich möchte mal Zettel machen, wo man auch Hausaufgaben kriegt. Wenn ich von der Kita komme, dann ist mir meistens ein bisschen langweilig. Dann sitze ich zum Beispiel auf meiner Matratze und spiele mit einem Kuscheltier. Aber mehr mache ich dann auch nicht. Ich überlege dann, was ich spielen soll. Wenn ich in die Schule komme, dann kann ich Hausaufgaben machen! Ich habe schon mal eine Überschrift gelesen von so einem komischen Buch. Da habe ich Papa nach ein paar Buchstaben gefragt, aber nur ein bisschen, und dann hab' ich das gelesen. Ich kann meinen Namen schon schreiben. Ich kann ihn da draufschreiben, soll ich mal? Es dauert nicht so lange.

Ich warte auf die Schule, seitdem ich sechs bin, also seit September. Und ich finde das total blöd: So viele sind schon in der Schule, mit sechs kann man doch in die Schule! Klara ist auch sechs und ist in die Schule gekommen, die ist nur ein bisschen länger sechs als ich. Seit dem Frühling, glaube ich.

Ich weiß nicht so genau, ob es gut oder blöd ist zu warten. Hm, ich muss mal überlegen. Ich finde blöd, dass das so langsam geht. Der Tag muss immer vierundzwanzig Stunden haben, das dauert viel zu lange. Und ein Jahr dann, das sind hundert Tage! Ich möchte wissen, wann ich in die Schule gehe. Aber manchmal vergesse ich auch, auf den Kalender zu gucken. Wenn er über meinem Bett hängen würde, dann würde ich es nicht vergessen. Dann könnte ich aufwachen und auf den Kalender gucken. Vielleicht kann ich ja so einen Kalender basteln? Damit ich weiß, wann ich in die Schule kann. Den anderen sage ich aber nicht, dass ich darauf warte, in die Schule zu gehen. Das ist ein Geheimnis.

In Deutschland warten wir durchschnittlich
6,9 Minuten an der Kasse. Damit liegen wir
in Europa im Mittelfeld. Am längsten warten
die Griechen mit 13,72 Minuten und am kürzesten
die Portugiesen mit 2,49 Minuten.

Wartezeit für Karten aus dem Hauptkontingent für
die Bayreuther Festspiele: 5 bis 6 Jahre.

In der DDR haben die Menschen ungefähr
12 Jahre auf einen Trabi gewartet.

Warten als Mangelerscheinung

Der einzige Ort, den ich in meiner Umgebung kenne, an dem es regelmäßig Warteschlangen gibt, ist der Bäcker an der Ecke. Sonntagmorgens stehen die Menschen dort in einer Reihe bis auf die Straße hinaus. Es ist ein kleiner Laden, die Zeit scheint in den Achtzigern stehen geblieben, und man bäckt dort noch selbst. Wenn man die Schlange der gar nicht mal schlecht gelaunten Kunden betrachtet, kann man Hoffnung für die kleinen Läden schöpfen – die Leute sind zumindest einmal pro Woche bereit zu warten. Vielleicht gibt es ihnen ein Sonntagsgefühl, statt des rituellen Kirchgangs kommen sie fünf Minuten in der Schlange zur Ruhe.

Das Warten auf besonders gute Brötchen ist ein frei gewählter Luxus. Die einzigen Schlangen, die in Deutschland auf einen praktischen Mangel verweisen, sind diejenigen vor den Tafeln, die kostenlos Essen an Bedürftige verteilen. Schlangestehen, nicht um in ein besonders angesagtes Lokal zu kommen, sondern um Brot oder Winterschuhe zu kaufen – das kennen wir nicht. Ein westdeutscher Freund sagte mir, dass, wenn wir heute über die DDR sprechen, das Warten dort auf Konsumgüter zum Inbegriff des Scheiterns dieses Staates geworden sei: Ein Land, das nicht in der Lage war, seine Bürger sofort mit Autos und Telefonen zu versorgen, konnte, so glauben wir, nicht langfristig überleben. Dabei hatte dieses Warten keine existenzielle Dimension. Anders sah es in der Sowjetunion unter Stalin aus: Wenn Tausende nächtelang für Brot anstanden, ging es tatsächlich ums Überleben.

Die Warteschlange im Ostblock und wie man sich am besten vordrängelt

Das Warten hat selten einen so schlechten Ruf wie in der Warteschlange. Es ist der Ort, an dem wir am stärksten das Gefühl haben, sinnlos kostbare Lebenszeit zu verlieren. Deshalb reagieren wir auf Vordrängler so, als würden sie uns nach dem Leben trachten. Die Großzügigkeit in Warteschlangen ist in etwa so verbreitet wie die in Rettungsbooten, wenn der Proviant knapp wird.

Daher verwundert es nicht, dass immer wieder Menschen auf die Geschäftsidee kommen, professionelle Schlangesteher zu vermitteln. So wie eine chinesische Geschäftsfrau, die in der Boomstadt Guangzhou sich erst selbst für andere in die Warteschlangen einreihte und inzwischen Angestellte dafür anheuert. Erst bot sie ihre Dienste nur für Banken und Supermärkte, inzwischen auch für Postfilialen und Krankenhäuser an. Das Geschäft läuft gut. Ebenso wie bei einem Kollegen in der Ukraine, der inzwischen elf Mitarbeiter beschäftigt – die sich viel auf Amtsfluren die Beine in den Bauch stehen. »Sofort-Service«, so heißt das Unternehmen. Sofort – das muss man sich leisten können. Vielleicht ist der Bedarf an Ersatz-Wartern umso dringlicher, weil das Warten in den Ländern des früheren Ostblocks lange zum mühsamen Alltag gehört hat.

Glaubt man der *New York Times,* so hat das Warten in den Ländern des Ostblocks nicht unwesentlich zum Bankrott des Systems beigetragen. Dreißig Billionen Dollar sollen in der Sowjetunion jährlich dadurch verschwendet worden sein, dass die Bürger nicht am Arbeitsplatz erschienen, sondern vor Läden anstanden. Das monatliche Warten, um Miete und Elektrizität zu bezahlen, soll allein in Moskau zwanzig Millionen Arbeitsstunden gekostet haben.[1] Gewartet wurde unsichtbar, auf Zuteilung von Autos, Wohnungen, aber auch unübersehbar vor Geschäften aller Art. Warteschlangen waren ein selbstverständlicher Anblick in Ländern wie der Sowjetunion, Polen und in der DDR, wo man für die Schlangen gleich einen Begriff geprägt hat, nämlich die »sozialistische Wartegemeinschaft«.[2]

In eben jener Wartegemeinschaft verbrachten die Frauen laut einer Umfrage in Schlesien 1981 durchschnittlich 3 Stunden und 37 Minuten pro Tag für ihre Einkäufe. 1982 stellte man fest, dass in der durchschnittlichen Warteschlange 53 Personen standen, davon 32 Frauen und 21 Männer.

Die Schlange war Mensch gewordener Ausdruck der Mangelwirtschaft, und es ist kein Wunder, dass Vladimir Sorokins Roman *Die Schlange* 1986 in Frankreich erschienen ist und erst nach dem Zusammenbruch der Sowjetunion auf Russisch vorlag. Es ist ein wildes und sonderbares Buch, in dem sich auf mehr als zweihundert

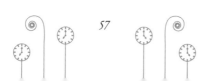

Seiten die Anstehenden einer Warteschlange miteinander unterhalten, seitenlang werden nur ihre Namen aufgerufen, dann sind plötzlich fünf Seiten komplett leer. Die *Schlange* wirkt gleichermaßen absurd wie realistisch, und dazu gehört, dass sich ein Paar, das sich beim Anstehen findet, wieder trennt, weil die Frau jemanden auftut, der das Erwünschte bekommt, ohne warten zu müssen, und der Mann sich mit einer Frau tröstet, die ebenfalls nicht warten muss.

Insofern sagt nicht nur die Länge der Warteschlangen etwas aus über den Zustand eines Wirtschaftssystems – ebenso erhellend ist die Gruppe derjenigen, die nicht anstehen müssen, für die Machtverhältnisse im Land. Die Warteschlange ist Spiegel einer Gesellschaft, aber in der Regel fehlen die ganz oben, die das Gewünschte auch so bekommen, und die ganz unten, die sich das Anstehen sparen können, weil sie ohnehin nicht die Mittel haben, um die Ware zu bezahlen.

In der ehemaligen Sowjetunion konnte man zwischen 1939 und 1941 mitverfolgen, was passiert, wenn die Obrigkeit versucht, das Schlangestehen zu verbieten, ohne dabei die Gründe fürs Anstehen zu beheben. Daraus entwickelte sich eine Art Hase-und-Igel-Dynamik, bei der die Wartenden immer wieder der Polizei entwischten, und hätten die Menschen in den Schlangen nicht Hunger gelitten, könnte man das Ganze ziemlich lustig finden. Das Anstehen begann ab 1938, als immer mehr Landbewohner auf der Suche nach Kleidern, Schuhen und anderen Gebrauchsgütern in die städtischen Geschäfte kamen, und ab 1939 bildeten sich genauso lange

Schlangen vor den Lebensmittelläden. Nach einem Bericht des Volkskommissariats für Binnenhandel versammelten sich in der Nacht vom 13. auf den 14. April 1939 33 000 Menschen in Moskau vor den Geschäften, in der Nacht vom 16. auf den 17. April waren es bereits 438 000. Die Leute kamen mit Geschäftsschluss und harrten bis zum nächsten Morgen aus, und wenn die Waren nach drei bis vier Stunden ausverkauft waren, blieben sie, um auf die nächste Lieferung zu warten. Die Warenknappheit war ein bewusst in Kauf genommener Kollateralschaden, denn das Politbüro hatte entschieden, auf Kosten der übrigen Wirtschaft alle Energie auf die Schwer- und Waffenindustrie zu verwenden.

Die Menschen schrieben zahllose Briefe an die Obrigkeit, um ihre Notlage zu schildern, und es ist rührend und trostlos zu lesen, wie sie den Hunger und die immer unruhiger werdenden Warteschlangen beschreiben, denn sie baten einen Staat, der nicht bereit war, ihnen zu helfen. Im Februar 1940 wendet sich ein Mann aus Nižnij Tagil direkt an Stalin und schreibt: »Josif, Vissarionovič, es geschieht etwas Schreckliches. Sogar für das Brot muss man sich von zwei Uhr morgens an in einer Schlange anstellen und dort bleiben, um zwei Kilo Roggenbrot zu bekommen. Man beginnt, schlechte Gedanken zu haben. Es ist hart, sein Kind hungernd zu sehen.«[3] Und ein anderer schreibt: »Wenn etwas in einem Geschäft auftaucht, bildet sich sofort eine Schlange in der Kälte die ganze Nacht lang: die Mütter mit den Kindern im Arm im Wind, Männer, Alte, bis zu sechs- oder siebentausend Personen. Kurz gesagt,

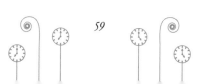

die Menschen sind wie verrückt. Wisst Ihr, Genossen, es ist schrecklich, die tollen und sinnentleerten Gesichter in den allgemeinen Schlägereien zu sehen, um sich mit ich-weiß-nicht-welchem Produkt in den Geschäften zu versorgen. Es ist nicht selten, dass Menschen in der Eile erstickt oder zu Tode geprügelt werden.«

Die Obrigkeit hat diese Briefe jahrzehntelang in ihren Archiven aufbewahrt, geholfen hat sie nicht. Ein Ende machen wollte das Politbüro jedoch den Produktionseinbußen, die entstanden, weil die Arbeiter die Fabriken verließen, um vor den Läden Schlange zu stehen. Deshalb erhöhte man die Preise, um die Nachfrage zu senken, außerdem drittelte der Rat der Volkskommissare im April 1940 die Zuteilungsraten pro Person. Zugleich richtete man ein Zwei-Klassen-System ein: In sogenannten geschlossenen Läden, die überproportional viele Waren zugeteilt bekamen, durften ausschließlich Angehörige der Armee und der Schwer- und Kriegsindustrie einkaufen, später ließ man auch Mitarbeiter von Krankenhäusern und Kindergärten zu.

Doch die Schlangen nahmen nicht ab und das Fehlen am Arbeitsplatz ebenso wenig. So kam es, dass in zahlreichen Städten die Warteschlangen verboten wurden. Vor den großen Geschäften standen nun Polizisten und kontrollierten die Papiere der Einkaufenden. Die Nicht-Ansässigen vom Land wurden umgehend mit Spezialzügen zurückgeschickt. Angehörige der Miliz gewöhnten sich an, Schlangen umzudrehen und in einer sehr eigenen Interpretation des biblischen Wortes die ersten Wartenden ans Ende zu verbannen.

Aber das Volk ließ sich nicht abschrecken: Es erfand eigene Camouflage-Strategien, um die Idee der Warteschlange aufrechtzuerhalten. Die Schlangen zerstreuten sich, sobald die Polizei auftauchte, um sich bei deren Abgang neu zu formieren. Sie verbargen sich in Nachbarhöfen, man benannte zwei oder drei Personen, die den Neuankömmlingen sagten, wo das Ende der Schlange zu finden war.

Als die Regierung schließlich nicht nur die Warteschlangen vor den Geschäften, sondern auch das Versammeln in Parks und auf Plätzen verbot, nahmen sie diffuseren Charakter an: Die Teilnehmer schienen spazieren zu gehen oder auf die Straßenbahn zu warten, und wer sich anstellen wollte, fragte: »Hinter wem gehen Sie spazieren?«

In den Archiven des Sicherheitsdienstes finden sich Berichte, nach denen sich eine Menschenmenge von dreihundert Leuten um eine Straßenbahnhaltestelle gruppierte, um gegen acht Uhr schreiend vor ein Geschäft zu stürzen und dort eine Warteschlange zu bilden. Eine andere Gruppe heuchelte Interesse an den Übungen einer Einheit der Roten Armee, um dann ebenfalls um acht Uhr morgens eine fast dreitausend Menschen umfassende Warteschlange vor einem Baumwollstoff-Geschäft zu formieren. Letztendlich hat das Verbot der Warteschlangen kaum Erfolg gehabt. Zu Zeiten energischer Verfolgung zerstreuten sie sich, sobald die aber nachließ, bildeten sich die Schlangen sofort wieder neu. Sie verschwanden erst 1941, als die deutschen Soldaten einmarschierten.

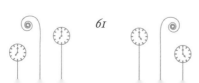

Die Warteschlangen im Polen der achtziger Jahre waren nicht so verzweifelt wie die in der Sowjetunion vierzig Jahre zuvor, dennoch waren sie lebensnotwendig. Im Westen war dergleichen nicht zu finden, und das machte sie für einige US-amerikanische Wissenschaftler so interessant. So hat sich der Soziologe Joseph Hraba damals mit seinen Studenten über zwei Monate hinweg in 140 Warteschlangen eingereiht. Er fand heraus, dass sich der Alltag der Menschen um das Einkaufen drehte, dass es Vorrang vor anderen Tätigkeiten – einschließlich der Arbeit – hatte, und dass letztendlich die Hilfe anderer entscheidend war. »Indem man in andere investiert«, so schreibt er, »schafft und erweitert man ein persönliches Netzwerk gegenseitiger Hilfe«.[4]

Ein versöhnlicher Blick auf die Warteschlangen als zwischenmenschlicher Anknüpfungspunkt, so scheint es. Doch der Akademiker Hraba kann ein gewisses Befremden nicht verbergen, als er auf einer Party eines befreundeten polnischen Professors neben den Universitätskollegen auf zwei Verkäufer trifft, die sein Freund ebenfalls dazu geladen hat – zwecks Pflege eben jenes Netzwerks.

Erst Jahrzehnte später, 2008, lenkte die Historikerin Malgorzata Mazurek den Blick auf eine Tatsache, die bei nahezu jeder Warteschlange des Ostblocks ins Auge springt: Dass es vor allem Frauen waren, die hier anstanden, es sei denn hinter der Ladentheke wurden Alkohol oder Zeitungen verkauft. 1965 sagten 86,5 Prozent der Frauen bei einer Umfrage in Polen, dass das Einkaufen für sie ein Problem sei. Erst Ende der siebziger Jahre, als sich mit dem wachsenden Mangel an Grundnahrungsmitteln die ganze Familie um die Versorgung kümmern musste, tauchen mehr Männer in den Warteschlangen auf. Diese Minderheit schwingt sich, sobald es um informelle Anweisungen für die Warteschlangen geht, zum Wortführer und Bestimmer auf. Ebenfalls männlich sind die zeitgenössischen Journalisten, die die Unentschiedenheit der Frauen anprangern, die die Blicke über Ladenregale schweifen lassen – was ihren Aufenthalt im Geschäft unnötig verlängerte.[5] Und sie finden Verantwortliche für die Warteschlagen: nicht etwa die staatliche Mangelwirtschaft, sondern professionelle weibliche Klatschmäuler, die angeblich gezielt Nachrichten über Lebensmittelmangel verbreiteten. Die Vertreter des polnischen Einzelhandels stießen in ein ähnliches Horn: Ihnen waren die Kundinnen zu wählerisch, unentschlossen und undiszipliniert – und blockierten damit den reibungslosen Ablauf beim Einkaufen.

Wie man sich hingegen erfolgreich vordrängelt, damit hat sich die Forschung nur am Rande und mit eher allgemeinen Ergebnissen befasst. Rührt man die Ergebnisse zusammen, sollte sich ein Vordrängler möglichst am hinteren Ende einer Warteschlange einfädeln, und wenn er eine Gegenleistung vermeiden möchte, sollte er sich vor Frauen oder Studenten hüten. Da ist die Empfehlung eines Psychologie-Professors an seine Studierenden fast hilfreicher: Wenn sich jemand bei ihnen vordrängelte, sollten sie fragen: »Was machen Sie mit der gewonnenen Lebenszeit?«. Die Antworten sollen jedoch nicht besonders aufschlussreich gewesen sein. Wie eine Anerkennung klingt der Titel, den der australische Soziologe Leon Mann 1963 seiner Studie zum Warten gegeben hat: »Queue culture« (»Kultur des Schlangestehens«)[6]. Es ist nicht zu vergleichen mit dem Warte-Kampf in Osteuropa, hier geht es um Luxus und Vergnügen, um das freiwillige Anstehen für Freizeitunterhaltung. Mann hat 1967 die nächtlichen Warteschlangen für die World Series im australischen Football besucht und ist dort vor allem auf Männer gestoßen, die jünger als 25 waren, in Arbeiterklasse-Vororten wohnten und sich – vermutlich – von der Arbeit entfernt hatten, um für die Eintrittskarten anzustehen. Mann glaubt, in den Schlangen Sozialsysteme im Embryostatus zu finden, und er stellt die interessante Frage, wie die Wartenden auf das Vordrängeln reagieren, oder, grundsätzlicher formuliert, fragt er nach dem Gerechtigkeitsempfinden der Schlange und welche Sanktionen sie bei Übertreten der ungeschriebenen Wartenormen verhängt.

Das Grundprinzip, das der Australier entdeckt, ist einfach: Wer zuerst kommt, darf zuerst mahlen. Wer Zeit und Mühe investiert, dem wird Vorrang gegeben. Platzfreihalten und Vordrängeln widerspricht diesem Prinzip, es wird aber – murrend – toleriert, solange die Wartenden am Ende der Schlange nicht annehmen, dass es ihre eigenen Chancen auf eine Eintrittskarte gefährdet. Erstaunlicherweise nimmt der Widerstand gegen Vordrängler am Ende einer Schlange ab, obwohl gerade dort diejenigen stehen, die ohnehin geringere Aussichten auf Erfolg haben. Nahezu alle Wartenden sagten den Forschern, dass sie körperliche Gewalt anwenden würden, wenn jemand sich direkt vor ihnen in die Schlange drängte – tatsächlich kam es aber nur sehr selten dazu. Mann erklärte das mit der Furcht, dass körperliche Gewalt, zumal wenn sie erfolglos wäre, ein gefährliches Signal aussenden würde: Nämlich, dass die Warteschlange im Begriff sei, auseinanderzufallen und genau das könnte zu einem massenhaften und unkontrollierbaren Ansturm führen.

Fast fünfzig Jahre später hat sich ein Wirtschaftswissenschaftler von Harvard noch einmal der Frage des Vordrängelns angenommen: Felix Oberholzer-Gee wollte wissen, warum kaum jemals Wartende ihren Platz in der Schlange verkaufen.[7] Dazu näherten sich Forscher insgesamt fünfhundert Wartenden in Warteschlangen an vier Orten in Philadelphia – einer Studentencafeteria, einer Mensa, einer Zugstation und einem Kraftfahrzeug-Service-Center – und fragten, ob man sie gegen Geld vorließe. Die Angebote reichten von null bis zu zehn Dollar.

Die Ergebnisse sind erstaunlich: Die Mehrheit, nämlich 62 Prozent der Angesprochenen, ließ den Frager vor, wobei die Quote bei 45 Prozent lag, wenn kein Geld angeboten wurde und bei 76 Prozent, wenn zehn Dollar versprochen wurden. Die Quote sank, je mehr Menschen hinter dem Angesprochenen in der Schlange standen. Mindestens so interessant ist, dass nur elf Prozent der Vorlassenden die zehn Dollar tatsächlich akzeptierten. Was es bedeutet, dass am ehesten Frauen und Studenten das Geld annahmen, deutet Oberholzer-Gee nicht, aber er hat eine Erklärung dafür, warum die Mehrheit es nicht akzeptierte: Das entspre-

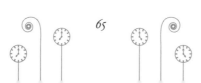

che den Umfragen, nach denen eine Mehrheit es unfair findet, Preise in Zeiten von Übernachfrage zu erhöhen. Den meisten widerstrebt es, so glaubt Oberholzer-Gee, eine solche Situation auszunutzen. Dass die Länge der Schlange hinter den Befragten eine Rolle für die Entscheidung spielt, zeige entweder – und hier kann sich der Forscher nicht recht entscheiden – die aufrichtige Sorge um das Wohlergehen derer am Ende der Schlange oder aber die Furcht, dass einer der Wartenden den Vorlassenden bestrafen könnte. Also soziales Gewissen oder Furcht vor Vergeltung. Letztendlich sieht der Harvard-Professor in dieser Bereitschaft Experimente bestätigt, nach denen Individuen bereit sind, (kleine) Opfer zu bringen, wenn sie zu beträchtlichen Vorteilen für das Sozialwesen führen.

Glaubt man also den westlichen Soziologen und Wirtschaftswissenschaftlern, so zeigt das Verhalten in Warteschlangen, dass Menschen aufeinander angewiesen sind und dass sie einen gemeinsamen Gerechtigkeitssinn entwickeln können. Das ist die erfreuliche Botschaft. Auf einer englischen Internetseite ist ein Leserkommentar zu finden, der die Warteschlange dementsprechend zur britischen Kulturleistung erhebt – und dann prompt ihren Verfall beklagt: »Die Warteschlange zeichnete die Briten aus, diese zivilisierte, geordnete Gesellschaft. Traurigerweise ist das vorbei.«

Denkt man an die Frauen in Polen, deren angebliche Unentschiedenheit als Erklärung für die Warteschlangen herhalten musste, und mehr noch an die Verzweifelten vor den sowjetischen Brotläden, sieht das Bild weniger rosig aus. Die Suche nach Sündenböcken oder existenzielle Not bringt nicht unbedingt das Bessere in den Menschen hervor, weder in denen, die den Mangel verwalten noch in denen, die ihn erleiden. Vielleicht ist das eigentlich Erstaunliche dabei, wie lange es dauert, bis die Schlangen aufbegehren und wie lange sie versuchen, die Ordnung, die sie selbst darstellen, aufrecht zu erhalten.

Es gibt Stimmen, die in der Existenz von Warteschlangen sogar einen Beleg gesellschaftlicher Entwicklung sehen, und lustigerweise gehört zu ihnen der amerikanische Soziologe Barry Schwartz, obwohl er in seinem Buch *(Queuing and Waiting – Schlange stehen und Warten)* zuvor auf 180 Seiten über unerwünschte Wartezeiten nachgedacht hat. Er sieht in der Selbstdisziplin, die für geordnetes Anstehen erforderlich ist, eine Voraussetzung sozialen Lebens – was umso eindrücklicher ist, als die Konfrontation mit Rücken und Gesäß jahrhundertelang als entwürdigend empfunden wurde. Schwartz formuliert das mit anglo-amerikanischer Zurückhaltung: »We should recognize that the queue experience may be aesthetically as well as symbolically displeasing« (»Wir sollten uns bewusst machen, dass die Erfahrung des Schlangestehens sowohl ästhetisch als auch symbolisch betrachtet unangenehm sein kann.«).

Andererseits verweist er auf die ästhetischen Qualitäten für den außen stehenden Beobachter, der in der Warteschlange den Ausdruck symmetrischer innerer Organisation entdecken könne. Kein Wunder also, dass Institutionen, in denen Disziplin eine große Rolle spielt – Schwartz denkt an Militär- und Strafeinrichtungen, sowie (hier mag die Zeit ihn überholt haben) Erziehungsanstalten – eine besondere Vorliebe für das Aufstellen ihrer Angehörigen in Reih und Glied zeigen. Dass diese Machtdemonstration heute auf viele abschreckend oder ambivalent wirkt, macht deutlich, dass Drill zumindest im Westen nicht mehr so hoch im Kurs steht. Wenn in Peking 2008 vor den Olympischen Spielen am »Lining up Day« die Bevölkerung das ordnungsgemäße Schlangestehen üben musste, hinterlässt das den westlichen Beobachter mit leichtem Schauder. Und so kommt es, dass man diese Musterbeispiele sozialer Organisation so gut wie nie zu sehen bekommt: Niemand möchte als Nummer siebenundzwanzig in einer Warteschlange seine Selbstbestimmtheit aufgeben.

Manchmal gibt es dennoch auch heutzutage freiwillige Warteschlangen: Wenn die Harry-Potter-Leser vor den Buchhandlungen Schlange stehen oder die Apple-Fans in der Nacht vor Verkaufsbeginn des neuen iPhones in ordentlichen Reihen vor dem Geschäft kampieren. Sie könnten es auch im Internet bestellen – aber für sie ist es ein Gruppenerlebnis, das sie nicht missen wollen. Aber auch hier hat die Ökonomie Einzug gehalten: Inzwischen bezahlen Unternehmen Menschen dafür, dass sie sich in T-Shirts mit ihrem Logo in die Schlange einreihen.

Es ist sonderbar: Das Schlangestehen ist in der Bundesrepublik zur Metapher für das Scheitern der DDR geworden. Ein Staat, dessen Bürger jeden Tag aufs Neue warten müssen, scheint zum Untergang verdammt. Wir zahlen viel Geld an Flugschaltern, um ohne Wartezeit einchecken zu können. Und dann, plötzlich, wird das Warten-Müssen zum Signal dafür, dass wir das richtige, weil begehrte und knappe Gut, ergattern wollen. Wenn wir an einem exklusiven Restaurant Schlange stehen, wissen wir, dass wir das richtige ausgewählt haben. Es ist ein frei gewähltes, ein Luxus-Warten, das wir uns gelegentlich leisten. Aber bewahre, dass man uns dazu zwingt.

»Eine der Ursachen aber für die unaufhörlichen
Enttäuschungen in der Liebe liegt vielleicht
in diesen ständigen Abweichungen, die bewirken,
daß, während wir auf das ideale Wesen warten,
das wir lieben, jede Begegnung uns eine Person aus
Fleisch und Blut entgegenführt, die bereits sehr
wenig von unserem Traum enthält.«
Marcel Proust

»If you are not long, I will wait for you all my life.«
Oscar Wilde

Wie wir auf die Liebe warten

Wenn es gut geht in der Liebe, dann wartet man nicht. Aber es geht eben nicht immer gut. Schon bei Homer wartet Penelope auf die Rückkehr ihres Ehemanns Odysseus zwanzig lange Jahre. Sie ist zum Inbegriff einer treuen Liebenden geworden, anders als Odysseus, der erst ein Verhältnis mit der Zauberin Kirke und dann eines mit der Nymphe Kalypso beginnt. Die Treue-Anforderungen an Männer und Frauen waren lange nicht das, was man gerecht nennen würde. Da ist der biblische Jakob, der sieben Jahre dient, um Rahel heiraten zu dürfen – und dann stattdessen erst einmal ihre ältere Schwester Lea bekommt – eher eine Ausnahme: Die Wartenden in der Liebe waren lange die Frauen. Zum Rollenbild der Männer passte das Warten nur schlecht, schließlich erwartete man von ihnen den aktiven Part: sei es als Werbende oder als diejenigen, die in die Welt hinausgingen, während die Frauen zu Hause ausharrten.

Zum Warten bereit zu sein, das war auch ein Maßstab für die Innigkeit der weiblichen Liebe. Zumal in Zeiten, in denen es ungewiss war, ob der Geliebte zurückkehren würde. Das hatte immer wieder mit Kriegen zu tun, in denen Frauen auf Soldaten warteten – aber auch mit langen Verlöbnissen, wenn der Mann nicht in der Lage war, für eine Familie aufzukommen oder die

Eltern eine Erprobungszeit verlangten, weil sie an der Verbindung zweifelten. Und da kam das Warten für die Männer überhaupt ins Spiel: wenn sie sich erst eine finanzielle Grundlage für die Beziehung mit der geliebten Frau erarbeiten mussten.

Heute muss kaum jemand mehr auf eine Liebe warten – in Kriege zieht nur eine Minderheit von Berufssoldaten, eine finanzielle Basis muss niemand mehr vorweisen können, um eine Beziehung zu beginnen und eine Erprobungszeit braucht man nicht in einer Welt, in der Ehen nicht notwendigerweise auf Lebenszeit angelegt sind. Und doch: Das Warten ist geblieben. Bei den Geliebten, die ihr Leben in dauerhafter Rufbereitschaft verbringen, wartend, dass der Mann Zeit für sie hat. Sieht man sich die Beiträge der Teilnehmer entsprechender Internetforen an, so scheint es, dass es vor allem Frauen sind, die sich auf die Rolle als Zweitbesetzung – und ein Leben im Wartemodus – einlassen. Männer können einem Leben in Rufbereitschaft allenfalls ein paar Wochen lang etwas abgewinnen. Jemanden warten zu lassen, ist eine Machtposition – selbst warten zu müssen, das ist verdächtig nah an der Opferrolle.

Es gibt eine Novelle von Friedrich Hebbel, *Treue Liebe,* in der eine junge Frau ihren Verlobten, einen Bergmann, bei einem Grubenunglück verliert. Jahrzehnte später wird sein unversehrter Leichnam gefunden, den die alte, unansehnlich gewordene Frau in ihre Arme nimmt. Es ist ein Bild, das zugleich abstößt und rührt, und es liegt nahe, diese Frau als eine unglückliche Schwester der Penelope zu verstehen: eine treue

Wartende, die das Leben nicht belohnt. Wenn man dann mehr über Friedrich Hebbel in Erfahrung bringen möchte, auch Privates, stößt man darauf, dass er eine Geliebte hatte, Elise Lensing, die zwei Kinder von ihm bekam und jahrelang vergeblich darauf wartete, dass Hebbel sie zu seiner Frau machte. Stattdessen heiratete er eine Burgtheater-Schauspielerin. Vielleicht glaubte Hebbel, dass er eine bessere Partie machen könnte als die mit der älteren Lehrerin Elise Lensing, die ihm viel geholfen hatte, die er aber nicht liebte.

Es ist über hundertfünfzig Jahre her, dass er sich weigerte, sie zu heiraten – aber das Sich-nicht-Festlegen in der Liebe hat Konjunktur. Wir sind liiert, warten jedoch unter der Hand darauf, ob sich nicht noch etwas Attraktiveres ergibt. Da ist die dumme Liese aus dem Volkslied fast schon ein Ausbund an moralischer Überlegenheit. Die sagt zumindest klar Nein zu all den Interessenten, die ihr nicht gut genug sind: »Jungfrau lieblich, Jungfrau schön, tanzen wir ein wenig? Mag nicht tanzen, danke schön, wart auf einen König!«

Der Volksmund kann diesem Warten allerdings wenig abgewinnen und straft die Liese mit dem Schweinehirten, der schließlich als einziger Interessent übrig bleibt. Was dort der Wunsch nach dem König ist, begegnet Partnervermittlungsagenturen heute mit langen Listen von Ausschlusskriterien ihrer Klienten, die allzu genaue Vorstellungen davon haben, was ihre große Liebe alles nicht sein darf. Der Grad zwischen dem aussichtslosen Warten auf eine Idealgestalt und dem Wunsch, keine faulen Kompromisse zu machen, war und ist ein schma-

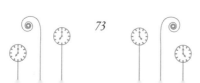

ler. »And true love waits / In haunted attics« (»Und die wahre Liebe wartet, auf Dachböden mit Geistern«), singt die Band Radiohead, und damit hat sie sehr recht.

Ein Gespräch mit der Partnervermittlerin Ulrike Grave

Ulrike Grave hat etwas Zupackend-Bodenständiges am Telefon. Man kann sich vorstellen, dass sie auf ihre Partnersuchenden einredet wie ein gutmütiger Kutscher auf sein Pferd. Seit vierzehn Jahren betreibt sie die Partnervermittlung Ich und Du. *Der Name verdankt sich einem Buch des Religionsphilosophen Martin Buber. Das Publikum, das sich an Ulrike Grave wendet, gehört zur Mittelschicht aufwärts. Sie spricht von Damen und Herren und sie spricht mit Anteilnahme von ihnen – aber auch mit einer gewissen Nüchternheit: Wer darauf beharrt, dass der künftige Partner alle Traumeigenschaften besitzen muss, wartet möglicherweise lange auf eine Beziehung. Grave kennt nicht nur das nörgelige Warten, sondern auch eines, das aus Verbundenheit entsteht: Wenn man sich nach dem Tod des Partners für kurze oder auch lange Zeit nicht auf eine neue Beziehung einlassen kann. Ulrike Grave wirbt bei ihren Klienten für eine positive Sicht auf das Warten – mit unterschiedlichem Erfolg.*

Wie dringlich warten die Menschen bei Ihnen, Frau Grave?

Das ist sehr unterschiedlich. Es gibt in den Partnervermittlungen grundsätzlich mehr wartende Frauen als Männer. Erstens, weil sie in der Überzahl sind, und zweitens, weil Frauen in der Regel mehr Ausschlusskriterien haben. Jeder, der hierher kommt, muss mir erst einmal sagen, was er sich wünscht und was er nicht will. Das sind die Ausschlusskriterien, und nach denen richte ich mich zu hundert Prozent.

Gibt es typische Ausschlusskriterien?

Es gibt Themen, die fast überall auftauchen. Allen voran natürlich Alter, Größe, Figur. Aber dann geht es auch ums Rauchen, ums Heiraten oder Nicht-heiraten-Wollen, um das Getrenntleben und natürlich um Sexualität. Manche Frauen legen Wert auf ein funktionierendes Sexualleben, andere wiederum behaupten, wenn sie einen impotenten Partner hätten: »Das macht nichts, ich habe gerade 15 Jahre lang keinen Sex gehabt und nichts vermisst.« Jüngere Menschen – Frauen wie Männer – nennen in der Regel weniger Ausschlusskriterien als ältere. Sie haben noch nicht so viel gesehen, erlebt, gehört. »Keinen Katholiken«, »keinen Camper«, »keine Sonnenanbeterin«, »keine mit enger Mutterbindung« – das alles basiert ja auf Erlebtem, auf Erfahrungen und soll zukünftig ausgeschlossen werden.

Warum haben Frauen tendenziell mehr Ausschlusskriterien als Männer?

Ich habe es bisher nur bei Frauen erlebt, dass sie einen Zettel herausholen und mir dann etwas diktieren. Sie sind sehr kritisch, vielleicht aber auch souveräner als Männer. Ich habe häufig das Gefühl, dass Frauen durch ihr soziales Netzwerk nicht ganz so einsam sind. Männer hingegen sagen: »Ach, Frau Grave, wenn sie nur lieb und nett ist und nicht zu dominant und kratzbürstig, dann wird es wohl irgendwie passen.« Natürlich wird das später differenziert, aber erst einmal steht der Wunsch der Männer nach einer unkomplizierten Partnerschaft im Vordergrund. Frauen haben sich meistens vorher schon sehr mit dem Thema befasst und kommen dann mit sehr individuellen Ausschlusskriterien, das können bis zu fünfundzwanzig sein. Kürzlich war bei mir eine Klientin aus Frankreich, die bestimmt zwanzig Ausschlusskriterien hatte. Aber sie will noch eine Familie gründen und hatte ganz klare Vorstellungen in Bezug auf den Mann, mit dem sie das tun will. Und ich saß da und sagte: »Das ist total schwer für mich, aber Sie sind die Bestimmerin!« In der Regel lassen die Leute nicht mit sich handeln. Manchmal, wenn sie dann ein halbes Jahr warten mussten, kommen sie auf mich zu und sagen: »So, jetzt können wir mal was ändern, vielleicht am Alter oder an der Größe« und geben ein paar Zentimeter nach.

Es ist eine echte Last mit diesen Ausschlusskriterien – und gleichzeitig ein Segen, weil sie ein wesentliches Kriterium für Qualität und Seriosität darstellen.

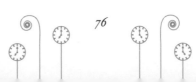

Bei Männern dauert es länger, bis sie zu Ihnen kommen?
An die Männer muss ich regelrecht appellieren. Vielleicht hat es etwas mit dem Ego zu tun, dass sie sich erst sehr spät zugestehen und eingestehen, dass sie Hilfe brauchen bei der Partnersuche. Ich sage bei jedem Interview, dass es mehr Frauen als Männer in meiner Kartei gibt und dass sich die Männer bitte zeigen und deutlich machen sollen, dass sie eine Partnerin suchen. Die Männer sagen häufig: »Sagen Sie mal, ich habe das doch missverstanden, dass es bei Ihnen mehr Frauen als Männer gibt?« Sie haben immer das Gefühl, die Kerle wären überall, die suchenden Kerle sowieso, und die Frauen wären in der Minderzahl.

Hat sich auch das Selbstverständnis der Frauen geändert? Früher mussten sie darauf warten, dass der Prinz kommt und sie erobert.
Das hat sich in der Tat sehr verändert, wobei ich beide Sorten von Frauen kenne: Nämlich die, die sich radikal geändert haben und die, die immer noch darauf warten, dass jemand auf sie zukommt. Die eine Sorte macht sich schick, geht ins Atlantik Hotel, sozusagen mit dem Mut der Verzweiflung, setzt sich alleine an die vornehme Bar und versucht auf diese Weise einen Mann kennenzulernen. Oder sie geht in einen Tanzkurs, lernt Italienisch an der Volkshochschule oder spricht gelegentlich auch Männer an. Ich hatte gerade eine Frau hier, die hütete das Kind einer Familie, in deren Hausherrn sie schon immer verliebt war. Dann brach die Familie auseinander und sie hat ihre Chance genutzt und sich dem Mann

offenbart. Das sind die Frauen, die wirklich aus sich herausgehen und deutlich machen, dass sie jemanden näher kennenlernen wollen – was in dem Fall nicht funktioniert hat, weshalb sie dann zu mir kam. Und dann gibt es die, die sagen: »Oh Gott, das könnte ich nie wie meine Freundin, die geht jedes Wochenende tanzen, deswegen bin ich jetzt bei Ihnen.«

Gibt es Schlüsselmomente – jetzt noch gebärfähig, jetzt in Rente –, in denen Leute sagen: Ich habe genug gewartet, ich wende mich an eine Partnervermittlung?
Das gibt es, ja klar. Wobei »jetzt noch gebärfähig« häufig bedeutet: allerletzte Eisenbahn.

Und die von Ihnen angesprochenen Rentner sind in der Regel so vorausschauend, dass sie nicht an einem Dreißigsten pensioniert und am darauffolgenden Ersten vermittelt werden möchten, das heißt: Sie kommen rechtzeitig, also früher als zum Eintritt in das Rentendasein.

Dann gibt es aber auch die Menschen, die zum Aufnahmegespräch erscheinen, und noch während sie ihren Mantel ausziehen, denke ich: Oh, was ist denn da los? Die wirken so beklommen, so unfrei. Dann redet man einen Moment lang, und es stellt sich heraus: Der Partner ist vor zwei Monaten gestorben. Nun haben sie einerseits ein schlechtes Gewissen, dass sie jetzt schon zu mir kommen, auf der anderen Seite sind sie aber so bedürftig und einsam, dass sie diese Situation unbedingt ändern wollen. Bei der Frage »Sagen Sie bitte, Sie sind doch erst Mitte fünfzig, wie konnte Ihr Partner jetzt

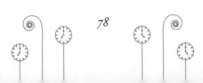

schon sterben?«, fangen sie an zu weinen, und es ist klar: Ich kann diese Menschen nicht vermitteln, sie stecken noch mitten in einem Trauer-Prozess. Das ist ja auch eine Zumutung für jeden Menschen, den ich ihnen vorschlage. Es ist einfach viel zu früh. Was ich übrigens häufiger bei Männern erlebe als bei Frauen: Männer kommen zum Teil ziemlich schnell nach dem Tod ihrer Partnerin oder nach einer Scheidung hierher.

Früher war die vorgeschriebene Trauerzeit für Frauen länger als für Männer – das scheint sich also unterschwellig und inoffiziell bis heute gehalten zu haben?
Ich glaube, dass Frauen grundsätzlich treuer sind. Was natürlich ein Widerspruch ist, wenn in der *Brigitte* steht, dass sechzig Prozent aller Männer fremdgehen, dann weiß man, dass es für dieses Fremdgehen ja jemanden braucht. Trotzdem mache ich die Erfahrung bei Frauen, die mir ihr Herz ausschütten, dass sie ihr Leben lang treu waren, auch in der Trauerzeit. Ich glaube, dass es eine Relation gibt zwischen der Länge der Beziehung, der Treue und der Dauer, die es braucht, um aus diesem Tief wieder herauszukommen.

Gibt es nicht auch einen großen Erwartungsdruck von außen, keine Zeit zu vertun, sich möglichst schnell wieder zu liieren?
Das ist richtig, aber das hängt meines Erachtens mit der Hilflosigkeit zusammen. Wenn man jemandem, der einen Partner verloren hat, im Freundeskreis immer wieder begegnet, fühlt man sich immer wieder genötigt,

auf den Tod des Partners und die Einsamkeit eingehen zu müssen. Aber die Leute sind in der Regel hilflos und wissen nicht, wie sie sich bei einem so schweren Verlust verhalten sollen, auch nicht als Gegenüber. Deswegen wünschen sie sich heimlich, der andere Mensch möge endlich wieder einen Partner haben, damit das Leben wieder in »normalen Bahnen« läuft. Das ist ein Ausdruck von Hilflosigkeit und vielleicht auch von Ungeduld, in dem Sinne: Mein Gott, jetzt ist es lange genug her, du siehst doch gut aus und gehst auch unter Menschen, jetzt müsste es doch auch mal klappen.

Wie geduldig sind Ihre Klienten?
Ich habe hier mit vier Sorten ungeduldigen beziehungsweise geduldigen Menschen zu tun. Es gibt die Geduldig-Passiven, das sind die, die herkommen und sagen: »Ich habe Zeit, ich bin geduldig, ich habe Vertrauen zu Ihnen, ich weiß, ich bin ein schwerer Fall.« Diese geduldig-passiven Wartenden sind gar nicht so selten.

In meiner Vorstellung wären das vor allem Männer über fünfzig.
Nein, die gibt es wirklich in jedem Alter. Dann gibt es die geduldig Aktiven, die ebenfalls sagen »Ich habe Zeit«, nur werden die Sätze erweitert durch das kleine »aber«: »Aber ich werde parallel zu Ihnen selbst aktiv. Man wird ja nicht jünger, was halten Sie davon, wenn ich eine Anzeige aufgebe, haben Sie etwas dagegen, wenn ich weiterhin einen Tanzkurs mache?« Dagegen habe ich natürlich überhaupt nichts.

Dann gibt es Klienten, die ungeduldig und passiv zugleich sind. Gott sei Dank ist die Mischung eher selten, denn die können einem das Leben wirklich schwer machen. Das sind oft die Damen, die überhören, wenn ich schon im Aufnahmegespräch darauf hinweise, dass sie mehr Geduld aufbringen müssen als die Männer. Das sind gelegentlich auch später diejenigen, die Druck ausüben und sagen: »Sie hätten mir sagen sollen, dass ich nicht vermittelbar bin!« Dabei halte ich jeden Menschen für vermittelbar, wirklich jeden. Oder sie stoßen Verdächtigungen aus, das habe ich Gott sei Dank nur einmal gehört, das hat mich wirklich umgehauen: »Ich wusste gleich, dass Sie etwas gegen mich haben!« Wegen dieser Klienten und nur wegen dieser Klienten habe ich in den letzten zwölf Jahren gelegentlich über das Aufgeben meiner Agentur nachgedacht. Und dann gibt es die Ungeduldig-Aktiven, die oft anrufen, die mit mir die Ausschlusskriterien noch einmal durchgehen wollen, Kompromissvorschläge machen und sagen: »Ach Mensch, vielleicht reicht es ja, wenn Sie mir mal einen Tanzpartner vermitteln, das muss ja gar kein Mann fürs Leben werden?« Diese Leute neigen oft dazu, dann voreilig einen Partner zu akzeptieren. Sie sind extrem ungeduldig und überhören aufgrund dessen oft Körpersignale.

Gibt es Menschen, die dieses Warten als demütigend empfinden?
Ja, viele. Aber das lässt sich schnell beheben. Angenommen die Frau, die mich anruft, ist Lehrerin und sagt:

»Ich empfinde es als demütigend warten zu müssen, können Sie mir den Grund dafür sagen?« Ich kann ihr dann erklären: »Es liegt daran, dass Sie zwei Kinder haben, die unter zehn sind, und es liegt an Ihrem Beruf, viele Männer mögen keine Lehrerinnen.« Dazu sage ich ihr, dass der Mann xy sie ablehnt, obwohl er sie noch nie gesehen hat, obwohl er nicht weiß, wie reizend ihre Kinder sind und dass sie sich als Lehrerin von anderen Lehrerinnen abhebt. Insofern sagt er Nein zu einer vollkommen unbekannten Person. Man darf das eben nicht persönlich nehmen.

Was vermutlich nicht immer einfach ist.
Nicht immer, nein. Aber ich erkläre den Klienten auch meine Philosophie des Wartens. Ich empfehle ihnen, es nicht als verlorene Zeit anzusehen und als Ausdruck von Mangel, sondern offen zu sein und zu beobachten, was dieser Zustand des Wartens bei einem auslöst.

Und was löst er aus?
Bei einigen Ärger, bei anderen – und das finde ich schlimmer – Selbstzweifel. Sie nehmen dann an, dass es an ihnen liegt.

Positiv sieht es also kaum jemand?
Das ist sehr unterschiedlich. Ich sage den Klienten: »Sie haben die Suche doch delegiert, jetzt lassen Sie mal los«. Manch einer bedankt sich ganz erleichtert und sagt: »Das stimmt, das könnte man ja auch mal so sehen«, und andere, die vielleicht schon lange einen Partner

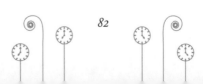

gesucht haben, bevor sie zu mir kamen, sagen: »Jetzt fahre ich wieder Ostern zu meiner Mutter, und ich hatte gedacht, ich könnte mal was anderes machen als diese ewigen Mutter-Besuche.«

Bei Ihnen ist die Dauer der Wartezeit klar vereinbart – ein Jahr, wenn man nicht verlängert.
Es gibt Menschen, denen ich gleich eine verlängerte Laufzeit vorschlage. Vor ein paar Tagen war ein Mann um die vierzig hier, dem ich angeboten habe, dass ich den Vertrag gleich auf zwei Jahre verlängere, damit ich nicht so unter Druck stehe. Es ist nicht unmöglich, jemanden zu vermitteln, der ein Asperger-Syndrom hat – das ist eine leichte Form von Autismus –, aber es ist auch nicht leicht. Der Mann war zwar ungeduldig und sagte: »Oh, ich dachte, das geht jetzt schneller!« Aber er hat sich darauf eingelassen.

Wie lange warten die Menschen bei Ihnen durchschnittlich auf einen Partner?
Das ist schwierig zu beantworten. Manchmal gelingen Vermittlungen, mit denen man überhaupt nicht rechnet: Ein Aids-kranker Zahnarzt wird von mir ganz schnell vermittelt, an eine Frau, deren Bruder ebenfalls Aids hat und die sich genauestens damit auskennt und gar kein Problem damit hat. Und eine auffallend schöne Frau ist seit zwei Monaten in meiner Kartei, und ich konnte noch nichts für sie tun.

Wahrscheinlich warten auch die, die keinen neuen Vertrag abschließen, unterschwellig weiter, das lässt sich vermutlich schlecht abschalten, oder?

Nicht alle. Manche sagen: »Wissen Sie was, Frau Grave, ich bin mir bewusst, dass vorgestern mein Vertrag ausgelaufen ist. Ich habe mir das lange überlegt in den letzten beiden Monaten: Wenn das jetzt bei Ihnen nichts wird, dann betrachte ich das als einen Fingerzeig.« Manchmal ist es dann so wie mit den Paaren, die sich vergeblich ein Kind wünschen. Dann adoptieren sie eines, und die Frau wird umgehend schwanger. Ich bekomme dann solche Anrufe: »Als ich das Warten aufgegeben habe, Frau Grave, da ist es mir gelungen!« Ein Klient erzählte mir: »Seit zwölf Jahren mache ich diese Chorreisen, noch nie habe ich dabei eine Frau getroffen, die mich interessiert. Und nun habe ich das Aufnahmegespräch bei Ihnen, fahre vier Tage später los – und lerne eine Frau kennen! Es könnte sein, dass das was wird mit uns beiden. Können wir den Vertrag jetzt eine Weile ruhen lassen?« Ich glaube, wenn Menschen sich eingestehen, dass sie jemanden brauchen und den Mut aufbringen, das laut zu formulieren, haben sie eine ganz andere Ausstrahlung.

Sind die Leute dann auch offener, was die Ausschlusskriterien anbelangt?

Das passiert auch schon während der Laufzeit des Vertrags, dass mich eine Frau anruft nach einem Elternabend und sagt: »Ich glaube, ich habe mich verliebt in den Vater eines Mitschülers meines Sohnes. Der entspricht in keinem Punkt meinen Ausschlusskriterien, er

ist klein und knubbelig und hat keine Haare auf dem Kopf – aber wir haben so viel gelacht, als wir hinterher in der Kneipe waren!« Andererseits rufen auch viele Leute nach dem Aufnahmegespräch noch einmal an und sagen: »Oh, da ist mir vorhin jemand entgegen gekommen, eine Frau mit Ballerinas, und da ist mir eingefallen, ich möchte auf gar keinen Fall eine Frau, die nur flache Schuhe trägt, das ist mir viel zu rigide.« Dass manche plötzlich auf Ideen wie diese kommen … merkwürdig, aber das gibt's.

Warten die Flexibleren am kürzesten?
Die Wahrscheinlichkeit, schnell jemanden zu finden, ist umso größer, je flexibler, je offener der Wartende ist. Aber trotzdem gibt es einen hohen Faktor unerwarteten Gelingens bei schwierigen Voraussetzungen und umgekehrt des Scheiterns bei scheinbar günstigen Bedingungen. Ich bin ja ein bodenständiger Mensch, der im Grunde nicht an Übersinnliches glaubt. Aber das Finden muss viel mit Bestimmung zu tun haben, denn Manches lässt sich wirklich nicht erklären. Für Menschen mit wenigen Ausschlusskriterien, toller Ausstrahlung und einer großen Offenheit kann ich manchmal nichts tun. Weil niemand zu passen scheint oder der Funke einfach nicht überspringen will. Und andere, die wegen schwieriger Lebensumstände oder vieler Ausschlusskriterien nach langer eigener Suche fast schon resigniert haben, kann ich nach vier Tagen vermitteln. Und denke dabei: Eigentlich wäre doch mal die sympathische Frau dran, die schon vier Monate wartet.

Im Wartesaal

Leyla Belloumi*, 50, wartet auf einen Freier

Leyla Belloumi hat noch einen Kunden, dann kommt sie in die Keller-Kneipe in St. Georg, in der sie Stammkundin ist. 50 Euro kostet das Gespräch, es ist ja ihre Arbeitszeit. Leyla Belloumi ist klein, lebhaft und voller Charme. Sie trägt einen kurzen engen Rock, einen schmalen beigen Pullover und Stiefel und riecht dezent nach Parfum. Man könnte sie sich auch als Verkäuferin in einer edlen Boutique vorstellen. Ursprünglich kommt sie aus Algerien. Dort habe man sie wegen ihrer jüdischen Nase beschimpft, erzählt sie, deshalb habe sie sie operieren lassen. Eines ist sicher: Leyla Belloumi hat ein Leben, das voller Geschichten steckt. Wenn sie davon erzählt – und sie erzählt gut – schreckt sie nicht vor großen Worten zurück, und zugleich beschönigt sie nichts. »Ich leide«, sagt sie immer wieder, wenn es ums Warten auf die Kunden geht und was es für sie bedeutet. Beim Erzählen legt sie mir oft die Hand auf den Arm, »meine Liebe«, sagt sie und küsst mich zum Abschied auf die Wange.

Das Warten ist tödlich, es macht einen aggressiv. Und man gerät in Streit mit den anderen Frauen, vor allem mit den Mädchen aus dem Osten. Ich stehe da und warte. Wenn ich nicht mehr kann, gehe ich in die Kneipe. Ich saufe, komme wieder raus und hoffe, dass sich irgendetwas tut. Immer diese Hoffnung: Irgendwann kommt einer, der mich mit aufs Zimmer nimmt.

Auf Deutsch gesagt: Man leidet. Du stehst den ganzen Tag da und hast zwei oder auch nur einen Kunden.

Das Problem ist, die Mädchen aus Bulgarien, aus Rumänien verlangen für Sex ohne Gummi 20, 30 Euro. Die Männer sehen sich nach solchen Frauen um, die sind hübsch und jung. Sechzehn, fünfzehn Jahre alt. Aber die Männer werden von diesen Mädchen verarscht: Was sie auf der Straße versprechen, machen sie im Zimmer nicht. Wir Älteren warten lange, und man schluckt alles und fragt sich: Was haben sie, was wir nicht haben? Wir sprechen Deutsch, wir machen uns schick, wir machen einen guten Eindruck – warum lassen sie uns stehen? Und dann kommen die Kunden in die Kneipe und regen sich auf: Hätte ich das gewusst, sagen sie, hätte ich mal eine Frau genommen, die mehr Erfahrung hat, eine Frau, die schon lange auf der Straße ist. Ich werde wütend, wenn meine Kunden zu anderen Mädchen gehen. Aber wenn sie dann wieder zu mir kommen, weil sie nicht dieses Vergnügen finden, das sie bei mir gehabt hätten, sage ich mir: Ja gut, sie haben sich entschuldigt, und ich warte auf diese Männer. Aber das Warten ist demütigend.

Mein Mann ist Frührentner, durch zwei Herzinfarkte, er ist Deutscher, und ich liebe ihn. Ich mache diesen Job, weil wir ein Haus haben, ich liebe dieses Haus, wir haben eine Hypothek darauf. Wir sind seit dreiundzwanzig Jahren verheiratet, wir haben Kinder. Es tut meinem Mann weh, wenn ich mit anderen Männern ins Bett gehe. Aber ich habe die Entscheidung getroffen. Ich habe gesagt: »Wenn ich diesen Job nicht

mache, können wir uns nur noch auf die Straße legen. Und du hast überhaupt keine Zukunft mit deinen zwei Herzinfarkten.« Ich würde nie Sozialhilfe beziehen, einfach aus Stolz. Wenn ich gesund bin und in der Lage, zu arbeiten, warum sollte ich das tun? Der Job macht mir Spaß. Aber es ist eben schwierig.

Als ich 1985 angefangen habe, war alles einfacher. Es war nicht so kompliziert wie jetzt. Ich habe hier von zehn bis sechzehn Uhr gestanden und hatte in der Zeit zehn bis fünfzehn Kunden. Pro Tag. Die Männer haben Schlange gestanden. Das hat richtig Spaß gemacht, weil ich wusste: Die kommen. Hier waren viele Deutsche, ich war die einzige Ausländerin. Sogar die Polizei kannte mich. Wir haben damals gar nicht gewusst, was das ist, Warten. Jetzt wissen wir es. Und man kann nicht viel machen. Mal gehst du in die Kneipe und säufst, um dich zu bestrafen. Wach auf, hämmert es dann! Such dir einen anderen Weg! Es ist die Dummheit, die uns hier bleiben lässt, aber auch die Hoffnung. Wenn es draußen kalt ist, bleibt nur das Trinken. Du stehst einfach da, zitterst und weinst. Man geht dann in jede Kneipe, um einen Freier zu finden und sich aufzuwärmen. Man gibt sein schönstes Lachen.

Ich war zehn Jahre bei *Air France* als Stewardess. Mein einziger Fehler war: Ich habe mit meinem Chef geschlafen. Dann habe ich in einer Schokoladenfirma gearbeitet und danach als Steuerberaterin. Es war immer dieses Spiel mit mir und den Männern. Und irgendwann habe ich mir gesagt: Das ist nicht meine Welt. Und bin in dieses Milieu hier gekommen.

Deshalb habe ich mir jetzt eine Internetseite mit Webcam gebaut, um aus diesem Milieu rauszukommen. Es hat einfach keinen Sinn mehr. Wenn ich so weitermache, gehe ich kaputt. Warum muss ich lange warten und leiden, wenn es die Möglichkeit gibt, einfach vor dem Computer zu sitzen mit einer Kamera und den Männern auf diese Weise einen Wunsch zu erfüllen?

Das ist meine Zukunft, die Webcam. Und ich werde als Escort arbeiten. Ich sehe mit fünfzig noch gut aus, die Männer finden mich attraktiv, aber hier auf dem Steindamm muss man ihnen Augen machen. Die sind einfach blind. Beim Escort-Service verlangen sie Frauen, die attraktiv und nicht krank sind. Solche, die sich untersuchen lassen, die kein Aids haben und, wenn sie einen Partner haben, dass es einer ist, der sie unterstützt.

Die Webcam gibt es jetzt seit zwei Monaten. Ich mache das dreimal die Woche. Aber es hat sich noch nicht richtig entwickelt, es braucht Zeit, um die Kunden kennenzulernen. Hier in St. Georg habe ich mich angemeldet, beim Gewerbeamt, als Prostituierte. Ich bezahle auch meine Steuern. Dieser Job ist nicht schlecht. Da kann man so schnell Geld verdienen wie damals. Aber der Steindamm ist endgültig vorbei.

Ich sage mir jetzt immer: Geh einfach, wenn du dich entschieden hast. Aber es ist nicht leicht wegzugehen. Ich habe viele Kunden, die mich mögen, die sagen: »Leyla, wenn du einfach weggehst, tut uns das weh.« Aber warum soll ich bleiben, warum soll ich warten, wenn sie nicht zu mir kommen oder nur ein Mal im Monat?

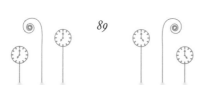

Wir warten in Deutschland ungefähr 27 Minuten
beim Arzt. Auf einen Termin warten Kassenpatienten
20 Tage und Privatversicherte 14 Tage.

Die durchschnittliche Wartezeit für eine Organspende beträgt momentan für eine Leber zwischen
6 Monate und 2 Jahre (je nach Blutgruppe
und Dringlichkeit), für ein Herz dauert es genauso
lange (je nach Blutgruppe und Dringlichkeit)
und für eine Niere sind es mindestens 5 Jahre.

Zum Tode verurteilte Straftäter in den USA
warten im Durchschnitt 13 Jahre auf die Vollstreckung
ihrer Strafe.

Gibt es Gerechtigkeit beim Warten?

Auf Gerechtigkeit zu warten, das ist eine der größten Herausforderungen. Denn es erfordert das Vertrauen, dass es einen Staat, eine Gesellschaft gibt, die zuverlässig für Gerechtigkeit sorgen wird. Wer nicht glaubt, dass am Ende eines möglicherweise langen Gerichtsprozesses ein faires Urteil gesprochen werden wird, ist schneller geneigt, Selbstjustiz zu üben. Auf Gerechtigkeit zu warten, erfordert die Bereitschaft, sich dem Urteil anderer zu beugen – sei es als Opfer, sei es als Täter. Es übersteigt im Allgemeinen unsere Vorstellungskraft, sich in einen Todeskandidaten in einem US-Gefängnis hineinzuversetzen.

Während der Recherche für dieses Buch las ich einen Artikel in der *Süddeutschen Zeitung* über einen chinesischen Arbeiter, der zusätzlich als Snackverkäufer arbeitete. Mit dem Geld bezahlte er Malunterricht für seinen Sohn, der schon als Zweijähriger diese Leidenschaft entdeckt hatte. Bei einer Razzia kam es 2009 zu einem Handgemenge mit den Inspektoren, die scheinbar grundlos auf den Snackverkäufer einprügelten. Er wehrte sich mit einem Messer und tötete zwei von ihnen. Ein Gericht verurteilte ihn zum Tode. Vier Jahre lang malte der Sohn Bilder von sich und seinem Vater. Die Bilder kamen als Buch heraus, im Vorwort schrieb die Mutter: »Er wartet jeden Tag, dass sein Vater zurückkommt.« Im September 2013 wurde der Vater hingerichtet, trotz einer nationalen Welle der Empörung.

Es gibt Juristen, die sagen, dass wir in einer Zeit leben, in der mit den Strafgerichtshöfen in Den Haag eine ganz neue Dimension von Gerechtigkeit geschaffen wurde. Dass Menschen, die Opfer von Kriegsverbrechen wie in Ex-Jugoslawien oder Ruanda wurden, überhaupt erst eine Aussicht haben, dass die Täter bestraft werden. Damit wird ein Warten auf Gerechtigkeit überhaupt erst möglich. Doch am Ende dieses Wartens steht nicht notwendigerweise das Urteil, das sich die Opfer gewünscht haben. Die Angehörigen der Opfer des deutschen Massakers im griechischen Distomo sind in Deutschland durch alle Instanzen mit ihrer Klage auf Schadensersatz gescheitert. Dann stellt sich angesichts von jahrelangen Prozessen die Frage, ob sich der Kampf gelohnt hat – und sei es als symbolische Geste. »Das Warten an sich ist kein Problem gewesen«, schreibt Argyris Sfountouris, der als Vierjähriger das Massaker in Distomo überlebte, bei dem seine Eltern und dreißig seiner Familienangehörigen ermordet wurden. SS-Angehörige brachten zweihundertachtzig Einwohner des kleinen Dorfes um, darunter Frauen, Alte und Säuglinge. »Aber was in der Wartezeit der Prozesse passierte, war oft erschreckend und schockierend«, schreibt Sfountouris, dem es gesundheitlich zu schlecht geht, um zu telefonieren. »Zum Beispiel als wir beim Bundesgerichtshof eine Termin-Fristerstreckung beantragten, um ein Gutachten erstellen zu lassen, wurde dies abgelehnt unter anderem mit dem zynischen Kommentar, wir hätten fünfzig Jahre Zeit für ein Gutachten gehabt.« Inzwischen hat der Internationale Gerichtshof Deutschland Recht gegeben. Argyris Sfountouris schreibt, dass es ohnehin nicht darum gegangen sei, einen Prozess zu gewinnen, sondern darum, die Wahrheit über das Massaker in Deutschland zu verbreiten – und selbst wenn das eine Haltung sein sollte, die er erst im Laufe der Zeit erworben hat, so ist es sicher eine, mit der man den Ausgang besser aushalten kann.

Es gibt eine zweite, ganz praktische Frage, die auftaucht, wenn es um Warten und Gerechtigkeit geht. Nämlich dann, wenn das Warten selbst gerecht organisiert werden soll. Das wird umso wichtiger, je bedeutsamer das ist, worauf gewartet wird: sei es auf die Rettung bei Schiffsunglücken oder die Zuteilung eines Transplantationsorgans. Für letzteres wurden hochkomplizierte Verteilungsalgorithmen entwickelt. Und doch gibt es Kriterien, die letzten Endes irrational sind: Wer alkoholkrank ist, erhält keine neue Leber – unabhängig davon, wie gut die Überlebenschancen sind. Gerechtigkeit beim Warten, das ist ein Ziel, das selten gänzlich erreicht wird.

Wie man eine Transplantationswarteliste organisiert, obwohl sie nicht gerecht sein kann

Lange hat bei Schiffsunglücken die schlichte Devise »Every man for himself« gegolten, »Jeder ist sich selbst der Nächste«. Bis 1852 der erste Offizier des britischen Schaufelraddampfers *Birkenhead,* Alexander Seaton, die Parole »Frauen und Kinder zuerst« ausgibt, als die *Birkenhead* vor Südafrika sinkt. Alle Frauen und Kinder werden gerettet, vierhundertfünfzig Männer sterben. Seitdem, so heißt es, gilt das ungeschriebene Gesetz der Seefahrt, dass Männer warten müssen, bis die Kinder und Frauen in Sicherheit gebracht werden. Tatsächlich hat eine Studie schwedischer Forscher zum Überleben von Frauen und Männern bei Schiffsunglücken gezeigt, dass die Quote überlebender Frauen um rund die Hälfte geringer ist als die der Männer – und dass bei gerade Mal fünf der achtzehn untersuchten Katastrophen in den letzten hundert Jahren der Kapitän tatsächlich die Parole ausgab: »Kinder und Frauen zuerst.«

Was ist gerecht, wenn die lebensnotwendigen Ressourcen nicht für alle ausreichen? Wen lässt man warten, wer kommt zuerst an die Reihe? Für diese Frage scheint es keine gerechte Antwort geben zu können, und so überrascht es nicht, dass man ihr gern aus dem Weg geht. So hat es lange gedauert, bis 1997 endlich ein Transplantationsgesetz in Deutschland verabschiedet wurde, das unter anderem regelt, wie die Wartelisten für die lebensnotwendige Organspende organisiert werden. Es ist ein Gesetz, das einen Mangel verwaltet: Weil es zu wenig Spenderorgane gibt, sterben in Deutschland täglich drei Patienten, die auf der Warteliste standen. Bei aller Diskussion darüber, wie man am besten mit dem Problem umgeht, von einem echten moralischen Konflikt sprechen nahezu alle, die sich mit dem Thema befassen: Denn es ist unmöglich, allen berechtigten moralischen Ansprüchen der betroffenen Patienten gerecht zu werden – ganz abgesehen von Skandalen um ärztlichen Betrug wie dem an der Universitätsmedizin Göttingen, der seit 2013 vor Gericht verhandelt wird.

Das deutsche Transplantationsgesetz ist in wesentlichen Punkten vage geblieben: Es heißt dort, dass Spenderorgane nach »Erfolgsaussicht und Dringlichkeit« vergeben werden sollen. Doch die praktische Umsetzung bleibt der Bundesärztekammer überlassen. Die wiederum hat Richtlinien aufgestellt, wann ein Patient auf die Warteliste aufgenommen wird. Etwas vereinfacht gesagt dann, wenn Niere, Leber oder Herz dauerhaft versagen. Darauf beruht die Dringlichkeit – je höher die Wahrscheinlichkeit, dass ein Patient bald stirbt, desto notwendiger die Transplantation. Auf der anderen Seite stehen die Erfolgsaussichten der Operation – und die können, je schlechter es dem Patienten geht, umso geringer sein. Genau das ist der Punkt, an dem die Debatte einsetzt: Einige Juristen bezweifeln, dass das Kriterium »Erfolgsaussicht« mit der Verfassung vereinbar ist. Denn in der ist die Lebenswertindifferenz festgeschrieben: Die Überzeugung, dass kein Leben mehr wert sein darf als ein anderes. Wie aber rechnet man die zusätzlichen fünf Lebensjahre des einen Patienten gegen die sieben weiteren eines anderen auf? Vielen ist der Effizienzgedanke, der hinter dem Kriterium »Erfolgsaussicht« aufscheint, suspekt. Sie fordern, mehr Leben zu retten statt mehr Lebensjahre. Aber es gibt ebenso Juristen und Ärzte, die sich dafür stark machen, die ohnehin zu wenigen Organe an Menschen zu verteilen, die mutmaßlich viele Jahre damit leben werden.

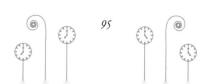

Deutschland hat sich mit den Benelux-Ländern, Österreich, Slowenien, Kroatien und Ungarn zu der Stiftung Eurotransplant zusammengetan. Während die Transplantationszentren nur darüber entscheiden, ob ein Patient auf die Warteliste genommen wird und, sollte er akut lebensbedroht sein, einen High Urgency Status für ihn beantragen, entscheidet Eurotransplant über die tatsächliche Vergabe der Spenderorgane. Dafür hat man einen komplizierten Kriterienkatalog entwickelt, der mithilfe eines Algorithmus entscheidet, wie die Warteliste für ein bestimmtes Spenderorgan jeweils ausfällt. Die Liste wird jedes Mal neu aufgestellt, weil neben den Kriterien Dringlichkeit und Wartezeit auch die Blutgruppen- und Gewebekompatibilität eine Rolle spielten. Aber das ist längst nicht alles: Bestimmte Patientengruppen bekommen zusätzliche Punkte, weil man sie für besonders bedürftig hält. Kinder etwa, weil sie in ihrer Entwicklung besonders beeinträchtigt werden, oder auch Patienten mit seltenen Blutgruppen und hoch Immunisierte, weil selten passende Organe für sie zur Verfügung stehen. Außerdem gibt es Faktoren, die gar nicht medizinisch sind, wie die Frage, ob ein Patient aus einem Land stammt, das mehr Organe zur Verfügung stellt als es selbst erhält. Oder die Entfernung zwischen der Klinik, die das Spenderorgan entnimmt und derjenigen, in der es transplantiert werden soll. Für all dies vergibt Eurotransplant Punkte, die in einem komplizierten Verfahren verrechnet werden, das immer wieder überprüft wird, um so den Patienten zu ermitteln, der den höchsten Wert und damit das Spenderorgan erhält.

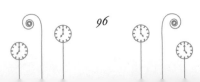

Was so ausgeklügelt wirkt, ist dennoch nicht in Stein gemeißelt: Fachleute glauben, bei Eurotransplant einen Umschwung feststellen zu können, von einer rein nutzenorientierten Haltung hin zu einer, die stärker die Chancengleichheit der Patienten im Blick hat.

Bislang gleich geblieben ist der – trügerische – Anschein, die Diskussion um die Verteilung der Spenderorgane folge rein medizinischen Gesichtspunkten. Es scheint die Entscheidungen zu vereinfachen, verdeckt aber nur die Tatsache, dass andere Kriterien mit hineinspielen – und dass selbst die scheinbar so neutralen medizinischen Faktoren immer mit Wertungen verbunden sind. Der Schweizer Bundesrat hat das in der Verabschiedung seines Transplantationsgesetzes ausdrücklich formuliert: »Die These, die Verteilung erfolge nach medizinischen Kriterien, ist falsch: Die Zuteilung geschieht nach ethischen Prinzipien. ... Der Modus der Verteilung basiert auf Wertentscheidungen.«

Dabei wird längst nicht jeder Patient, der dringlich ein neues Organ braucht, von den Transplantationszentren auf die Warteliste aufgenommen. Häufig ist der Knackpunkt Alkohol-Missbrauch. Wer eine neue Leber haben möchte, der muss sechs Monate zuvor trocken sein. Das mag auf den ersten Blick einleuchten: Wer eines der raren Organe bekommt, sollte es nicht durch Fahrlässigkeit aufs Spiel setzen. Aber der zweite Blick macht die Sache komplizierter: Mehrere Studien haben keinerlei Zusammenhang zwischen Alkoholkonsum und den Erfolgsaussichten einer Organtransplantation herstellen können. Doch dieses Wissen bleibt ohne Folgen.

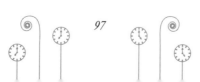

»Gerechtigkeit«, sagt ein Transplantationsmediziner, »das ist ein tägliches Problem bei uns«. Und dann erzählt er mir von einem seiner Patienten, einem Mann, der sich um seinen behinderten Sohn kümmerte und der ohne neue Leber nach ärztlicher Prognose noch ein halbes Jahr zu leben hatte. Der Mann war Alkoholiker, er war noch nicht das erforderliche halbe Jahr trocken, aber der Arzt wollte ein Auge zudrücken. Der Ethikratbeauftragte der Klinik pfiff ihn zurück, das sei eine Wertung, warnte er, man dürfe nicht die Regeln umgehen, nur weil man einen Patienten für besonders schutzwürdig hielte. Der Transplantationsarzt wollte noch nicht aufgeben und wandte sich an eine Vermittlungsstelle in Berlin. Doch die entschied für den Ethikratbeauftragten: Die Regeln müssten eingehalten werden. »Es ist irrational«, sagt der Arzt. »Bei Alkohol ist es ein Riesenproblem, bei Zigaretten keines«. Nahezu alle seiner Herztransplantationspatienten seien Raucher – aber daran störe sich keiner, obwohl zumindest schwere Nikotinsucht theoretisch genauso eine Kontraindikation sei wie Alkoholsucht. Kürzlich, erzählt der Arzt, seien zwei junge Frauen in der Klinik gewesen, Alkoholikerinnen, die sich zur Kontrolle hätten Blut abnehmen lassen – davor hatten sie ein Glas Sekt getrunken. Es war das Aus für sie. Der Arzt weiß nicht, was aus dem alkoholkranken Vater geworden ist. Er sagt selbst, dass man in Teufels Küche käme, wenn man mit sozialen Kriterien argumentiere. Man ende bei Fragen wie: Soll die 24-jährige Mutter eines Kindes das Spenderorgan bekommen oder die 30-jährige Mutter zweier Kinder?

Deshalb, so sagt der Transplantationsarzt, könne er mit dem Erfolgskriterium gut leben – aber dann hält er inne und sagt: »Zu entscheiden, ob die zusätzlichen drei Lebensjahre der 32-jährigen Patientin wichtiger sind als die zusätzlichen vier der 55-jährigen Patientin, ist absurd.«

Diese Entscheidung nach sozialen Gesichtspunkten, nach der Frage, wie nützlich und gesellschaftlich wertvoll ein Mensch ist, hat es bis zur Verabschiedung des Transplantationsgesetzes wohl häufiger gegeben. So hat sich ein deutscher Kardiologe damit zitieren lassen, dass Mörder, Heroindealer und Obdachlose nicht in das Transplantationsprogramm aufgenommen würden. Die Entscheidung habe man ohne Begründung »ausm Bauch« getroffen (siehe Bader, S. 424). Bevorzugt wurden dagegen junge Mütter – doch bereits bei Vätern war man sich nicht einig. Und noch schwieriger wurde es bei der Frage, bis zu welchem Alter der Kinder Eltern bevorzugt werden sollten. Oder ob auch schlechte Eltern dringlicher zu behandeln seien als kinderlose Patienten.

In England lehnte ein Arzt ein 14-jähriges Mädchen mit Down-Syndrom als Patientin ab. »Ich habe große Zweifel, ob ein an Down-Syndrom Leidender jemals ein völlig selbständiges Leben führen kann, egal wie gut diese Person ist«, sagt er. »Und angesichts der bestehenden Organknappheit, denke ich, dass, wenn ich mich zwischen einer normalen Person und einem Down-Syndrom-Patienten entscheiden soll, meine Priorität bei der Person liegt, die diese völlig selbständige Person werden kann.«

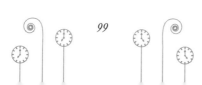

Was ist gerecht? In den achtziger Jahren spendete Johannes Ideus aus Wangerooge seiner schwangeren Schwester eine Niere. Elf Jahre später erkrankte er an einem Nierentumor und benötigte selbst eine Organspende. Doch weil er zu lange auf eine neue Niere warten musste, starb er 1997. Viele waren empört über sein Schicksal, und in der Folge wurden Stimmen laut, die ein Solidarmodell forderten: Wer selbst ein Organ gespendet hatte und später eines benötigte, sollte auf der Warteliste bevorzugt werden.

Doch die Forderung setzte sich nicht durch, und obwohl sie auf den ersten Blick einleuchtet, ist es gut, dass sie nicht umgesetzt wurde. Denn letzten Endes folgt sie genauso dem Verdienstgedanken wie die Bevorzugung der jungen Mütter gegenüber den Obdachlosen. Laut Verfassung sind alle Leben gleich wertvoll, und das gilt sowohl für den, der ein Organ gespendet hat als auch für den, der es nicht getan hat.

Es gibt kaum Prozesse von Patienten, die nicht auf die Warteliste für eine Organtransplantation gekommen sind – ein Anspruch darauf ist kaum einklagbar. Auch Prozesse gegen Staatsoberhäupter, die Kriegsverbrechen begangen haben, waren lange schwierig. Das hat sich durch neue Entwicklungen im Völkerrecht geändert: So konnte etwa Slobodan Milošević wegen Verbrechen gegen die Menschlichkeit angeklagt werden. Er starb vor Ende des Prozesses, und Chefanklägerin Carla Del Ponte bedauerte, dass es deshalb nicht zu einem Urteil kam: »Ich bedauere es auch für die Opfer, die Tausenden von Opfer, die auf Gerechtigkeit warteten.«

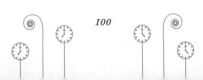

Dass die Prozesse gegen Kriegsverbrecher oft erst geführt werden, wenn sowohl Opfer als auch Täter hoch betagt sind, ist eine wiederkehrende Erfahrung. Der Anwalt Frank Selbmann, der für die deutsche Sektion von Amnesty International tätig ist, sagt, dass es im Prozess, der gegenwärtig in Kambodscha gegen die letzten Vertreter der Roten Khmer geführt wird, fraglich ist, ob die beiden Angeklagten das Urteil noch erleben.

Argyris Sfountouris ist heute knapp siebzig Jahre alt. Er hat mit seinen drei Schwestern 1995 die Bundesrepublik auf Entschädigung für das Massaker verklagt, das deutsche SS-Männer 1944 an den Einwohnern des Ortes Distomo begingen. Unter den Opfern waren auch ihre Eltern. Das Verfahren ist durch alle Instanzen der deutschen Gerichtsbarkeit gegangen, 2003 hat der Bundesgerichtshof die Klage abgewiesen. 2012 hat der Internationale Gerichtshof mit Verweis auf die Staatenimmunität eine Sammelklage der Nachfahren von Distomo zurückgewiesen. Eine der Schwestern ist inzwischen gestorben. »Ich will nicht abschließen«, sagt Argyris Sfountouris in dem Dokumentarfilm *Ein Lied für Argyris,* der von seinem Kampf gegen das Vergessen erzählt. »Ich will versuchen, die Ereignisse in Deutschland in ihrer wahren Art und Grausamkeit bekannt zu machen.« Sfountouris, der in der Schweiz in einem Pestalozzi-Dorf aufwuchs, wurde Lehrer, dann Entwicklungshelfer. 1994 organisierte er eine »Tagung für den Frieden« in Griechenland, doch der deutsche Botschafter in Athen reagierte nicht auf seine Einladung – er schickte allerdings zwei Sekretärinnen, die inkognito mitschrieben.

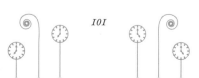

Im Wartesaal

Katharina Eggers wartet auf eine neue Niere

Eine freundliche Küche mit viel Holz in einer Altbauwohnung. Katharina Eggers macht Tee, sie ist so lebhaft, dass man sich schwer vorstellen kann, wie krank sie noch vor Kurzem war. Sie gehört zu den Menschen, mit denen man sofort vertraut ist, obwohl man sie zum ersten Mal trifft. Das mag auch daran liegen, dass sie unter anderem Sommercamps organisiert und viel mit unterschiedlichen Menschen zu tun hat. Sie ist gerade in einer Umbruchphase, mit lauter offenen Fragen, wohin es gehen soll, jetzt, wo die große Frage ihrer gesundheitlichen Zukunft zumindest vorläufig geklärt ist. Katharina Eggers ist eine Frau, die zugleich gelassen und unruhig wirkt, und immer wieder bricht ihre Fröhlichkeit durch. Die Wartezeit ist ihr als Ausnahmezustand in Erinnerung, als sei sie einfach aus der Zeit gefallen: Monate, in denen sie sich erlaubte, die Ansprüche und Anforderungen an sich selbst einmal ruhen zu lassen, müde zu sein, wenn sie müde war, krank zu sein, wenn sie krank war. Eine Zeit, in der sie sich tatsächlich um sich selbst kümmern musste.

Die Warterei fing als, als ich auf der Warteliste von Eurotransplant für eine Doppeltransplantation stand. Wobei mir das am Anfang gar nicht so klar war. Meinen Nieren ging es noch einigermaßen. Nur wurde ich immer müder und schlapper und musste viel mehr schlafen. Es war überhaupt nicht so, dass ich gedacht hätte, es sei dringend Zeit. Wenn das Transplantationszentrum mich damals angerufen hätte, hätte ich wahrscheinlich gesagt: »Nehmen Sie mal einen anderen!« Aber dann wurde mein Gesundheitszustand allmählich schlechter. Und irgendwann hatte ich hier tausend Geräte und Materialien herumstehen. Meine halbe Wohnung war voll mit medizinischen Utensilien. Da habe ich dann angefangen zu warten. Ich dachte, das darf jetzt nicht mehr so lange dauern. Positiv daran war, dass mir gleichzeitig klar wurde: Das ist nicht für immer. Als ich dreizehn war und Diabetes bekam, hatte ich auf einmal eine Krankheit, die für den Rest meines Lebens da sein würde. Da habe ich eigentlich aufgegeben. Du musst dich immer um deinen Blutzucker kümmern, dich selbst spritzen, und ich habe gedacht: Wenn ich das zwei Monate lang machen müsste, kein Problem, aber für den Rest meines Lebens, nein Danke. Die ersten zehn Jahre habe ich mich dann gar nicht darum gekümmert und bin deshalb regelmäßig ins Krankenhaus gekommen.

Vor zwei Jahren wurde dann klar, dass ich eine Transplantation brauche. Nach dreißig Jahren Diabetes. Der Arzt sagte, da ich mich sowieso für eine Nierentransplantation anmelden müsste, hätte ich auch die Möglichkeit, mir gleichzeitig eine neue Bauchspeicheldrüse einpflanzen zu lassen. Also ein neues Organ, das die Diabetes gleich mit beheben würde. Ich war erst einmal total schockiert, weil ich mit so etwas überhaupt nicht gerechnet hatte. Wenn die Nieren irgendwann nicht mehr funktionieren, geht man an die Dialyse, aber ich habe einfach nicht weiter gedacht, daran, dass man das nicht auf Dauer machen kann. Es hat sich alles in mir vermischt: Dieses Gefühl, oh, eine große Operation und neue Organe und gleichzeitig der Gedanke, ich könnte nach dreißig Jahren endlich meine Diabetes los sein. Ich bin nach zwei Wochen zum Arzt gegangen und habe gesagt: »Okay, lasst uns das machen.«

Es ist eine ewig lange Prozedur, bis man auf diese Eurotransplant-Liste kommt. Du musst dich überprüfen lassen, ob du überhaupt operationsfähig bist und ungefähr fünfundzwanzig Ärzte abklappern. Wenn du transplantiert wirst, wird dein Immunsystem total heruntergefahren, und wenn irgendwo auch nur annäherungsweise eine kleine Infektion schlummert, kann sie plötzlich groß und gefährlich werden. Nach einem halben Jahr war ich dann auf der Liste und es hieß, ich sollte mit zweieinhalb Jahren Wartezeit rechnen.

Die Ärzte haben mir vor der Transplantation immer gesagt: »Mensch, Frau Eggers, Sie haben sich um Ihre Krankheit nicht besonders gekümmert, wenn Sie jetzt eine neue Niere bekommen, haben wir ein bisschen Sorge, dass Sie sich darum auch nicht kümmern.« Und ich habe immer gesagt: »Ich glaube, das ist total anders, weil es eine andere Geschichte ist.« So war es dann auch. Als wir mit der Bauchfelldialyse begonnen haben, war ich da total hinterher, es hat mir unheimlich viel Spaß gemacht. Ich habe gemerkt, dass es mir nach diesem Austausch immer etwas besser ging, weil wieder Gift aus meinem Körper heraus war. Das hieß, für mich zu sorgen, etwas, von dem alle immer gesagt haben, dass ich es nicht könnte. Es war eine interessante, besondere

Zeit für mich, weil ich dem Ganzen auch Raum geben musste: Es durfte niemand in mein Zimmer, Fenster und Türen mussten geschlossen sein, damit alles sauber blieb, kein Staub hereinkommen konnte. Dieses Eingeschlossensein habe ich mir irgendwie zunutze gemacht. Das waren Momente, in denen ich mich in mich selbst zurückgezogen habe.

Ich habe dabei Geduld gelernt. Mir war klar, jetzt kommt eine ganz schwierige Zeit auf mich zu. Meine Mutter und ich haben beschlossen: Wir machen das Schritt für Schritt. Du denkst immer nur von jetzt bis zum nächsten Tag und zum nächsten Tag und zum nächsten Tag. Und du denkst gar nicht darüber nach, wie es vielleicht in drei Monaten sein könnte. Das war total gut, weil ich aufgehört habe, mir irgendwelche Sorgen um die Zukunft zu machen. Die Krankheit hat einen Riesen-Raum in meinem Leben eingenommen, und das hatte einen ganz positiven Effekt für mich. Ich habe einfach alles so akzeptiert, wie es ist. Okay, ich bin müde, dann bin ich eben müde. Ich konnte auch nicht mehr arbeiten, ich war krankgeschrieben, ich hatte ganz viel Zeit und konnte alles so machen, wie es mir passte.

Eine Niere hätte ich theoretisch auch aus dem Familienkreis bekommen können, aber das finde ich ganz schwierig. Meine Nichte wäre in Frage gekommen, die ist fünfundzwanzig oder einer meiner beiden Brüder, die älter sind als ich. Aber bei einer Fünfundzwanzigjährigen habe ich gedacht: Nee, die hat noch ihr ganzes Leben vor sich, wer weiß, was mit der anderen Niere passiert. Bei meinem älteren Bruder hätte ich es vielleicht noch akzeptiert, aber du kriegst nur zwei Organe, wenn sie vom gleichen Spender kommen und eine Bauchspeicheldrüse hätte er mir nicht geben können. Es musste also ein fremder Spender sein. Normalerweise wartet man auf eine Fremdniere acht bis neun Jahre, und es gibt viele Patienten, die in der Zwischenzeit sterben. Wenn man eine kombinierte Spende bekommt, dann geht es schneller.

Tatsächlich habe ich nur ein Jahr warten müssen. Den ersten Anruf bekam ich völlig überraschend, im letzten September: »Frau Eggers, wann wollten Sie Ihre Niere haben?« Ich habe gesagt: »Na ja, Sie haben gesagt, so in zweieinhalb Jahren, das wäre übernächstes Jahr«, und da meinten sie, sie hätten jetzt schon etwas für mich, ob ich das wollte. »Wie lange habe ich denn Zeit, mich zu entscheiden?«, habe ich gefragt. Die Antwort lautete: »Zehn Minuten«. Ich habe hier gesessen, als hätte mir jemand mit dem Hammer auf den Kopf gehauen. Dann habe ich mit meinem Arzt telefoniert, und der sagte: »Frau Eggers, wenn Sie das nicht annehmen, schlagen Sie einen Lottogewinn aus!« Also war ich einverstanden. Und dann habe ich meinen Bruder angerufen und gesagt: »Du musst mich ins Krankenhaus fahren!« Der war weiß wie eine Wand, als er hier ankam, und ich bin wie ein aufgescheuchtes Huhn durch die Wohnung gerannt, weil ich auf einmal dachte: Dann bin ich ja eventuell zwei Monate gar nicht da, ich muss noch aufräumen und den Abwasch machen. Mein Bruder sagte, »Das können wir später erledigen«, und wir sind gleich in die Klinik gefahren. Abends hat man mir heftige Beruhigungsmittel gegeben, damit ich schlafen konnte, und morgens bin ich aufgewacht und sie sagten: Es tut uns leid, das wird nichts. Die Niere war okay, aber die Bauchspeicheldrüse ist bei der Explantation kaputtgegangen. Die Niere, haben sie gesagt, ist wie ein kleiner Tennisball, die kannst du auf den Boden fallen lassen, da passiert nichts, aber die Bauchspeicheldrüse darf kein bisschen verletzt sein, weil sie die ganzen Verdauungssäfte produziert und die ätzend sind.

Meiner Familie und mir ging es eine Woche lang so, als hätten wir Betäubungsmittel bekommen. Ich lag apathisch auf dem Bett, und dann ist mir erst langsam klar geworden, was das bedeutete. Beim Weggehen aus dem Krankenhaus hatten sie noch gesagt: »Denken Sie nicht, dass Sie jetzt so weit oben auf der Liste stehen, dass Sie gleich wieder ein neues Angebot bekommen. Das war ein ganz besonderer Spezialfall.« Ich sollte damit rechnen, dass es jetzt noch zweieinhalb Jahre dauern würde. Und dann wurde das Warten richtig schlimm. Meine Werte waren ja immer schlechter geworden, und die Tatsache rückte immer näher, dass ich an die Dialyse musste. Ich ging alle drei Wochen zu meinem Arzt, um meine Nierenwerte zu checken und er sagte: »Ein bisschen geht noch«, er fügte aber auch hinzu: »Wenn Sie sich richtig schlecht fühlen, rufen Sie an, dann fangen wir gleich an.« Dann verging der September und der Oktober und Mitte November habe ich gedacht: So, jetzt geht's nicht mehr. Ich bin wirklich rumgekraucht und habe Schwierigkeiten gehabt, hier die zwei Etagen raufzukommen. Die Niere entgiftete nicht mehr richtig, und ich wurde immer müder und war gelb im Gesicht, weil man überall Harnstoff einlagert. Und dann habe ich mit dem Arzt telefoniert und zähneknirschend gesagt: »Okay, am Mittwoch komme ich, und dann fangen wir an.« Zähneknirschend, weil ich wusste, dass ich dann gar nicht mehr mobil sein würde. Und weil ich wusste: Jetzt fängt die Zeit an, in der ich wirklich nur noch warte.

Dann war ich angemeldet zur Dialyse und an einem Montagabend, als ich mir gerade etwas zu Essen machte, klingelte das Telefon. Ich dachte, ich gehe da jetzt nicht ran, und dann habe ich doch abgenommen, weil ich dachte, vielleicht ist es etwas Wichtiges. Das Krankenhaus war dran: »Frau Eggers, Sie müssen sofort kommen, in der nächsten halben Stunde, wir haben hier etwas ganz Dringendes für Sie!« Der Chirurg stand sozusagen mit dem Skalpell in der Hand und wartete darauf, das Organ gleich vom Spender zu mir transferieren zu können. Da habe ich meine Eltern angerufen und gesagt, ihr müsst mich da jetzt hinfahren. Sie hatten gerade Besuch, den haben sie weggeschickt und dann sind wir sofort ins Krankenhaus gerast. Es hat drei Stunden gedauert, dann war ich auf dem Weg zur OP. Acht Stunden später bin ich wieder aufgewacht. Alles war bestens gelaufen. Eine riesengroße Glückssache. Das sagen sie alle, heute noch. Zwei Tage bevor ich angefangen hätte, zur Dialyse zu gehen, zwei Monate, nachdem ich das erste Mal angerufen worden bin. Und schon zwei Tage nach der OP haben sie festgestellt, dass die Bauchspeicheldrüse Insulin produzierte. Da kam der Arzt hopsend in mein Zimmer: »Frau Eggers, wir haben schon Insulin gefunden!« Das ist auch nicht normal, sonst braucht das zwei, drei, vier Tage. Ich habe von dem Moment an keine Diabetes mehr gehabt, und nach einem Tag waren meine Nierenwerte wieder normal.

Ich hatte große Angst davor, dass ich nicht damit fertig werden würde, die Organe eines anderen Menschen in meinem Körper zu haben. Am zweiten Tag nach der Transplantation kam ein Chirurg zu mir und sagte, dass die große Gefahr darin bestanden hätte, dass die Gefäße, die zu den Organen hinleiten, verstopften. Und zwar, weil die Organe und die Gefäße so klein waren. Deswegen hätte ich auch so viele Blutgerinnungsmittel bekommen. Das erzählte er alles in einem Nebensatz, und ich fragte ihn: »Aber wieso so klein, wie alt war denn mein Spender?« Da guckte er mich ein bisschen verunsichert an und sagte: »Sechs Jahre. Das darf ich Ihnen eigentlich gar nicht sagen.« Da war ich schockiert, ich hatte damit gerechnet, dass ich ein erwachsenes Organ bekomme und war einen Tag lang schwer niedergeschlagen. Ich habe das meiner Mutter erzählt, und sie sagte: »Weißt Du, es ist ja nicht wegen dir gestorben.« Das musste ich erst mal verinnerlichen, dass nicht ich das Kind getötet habe, um seine Organe zu bekommen. Sondern dass das Kind gestorben ist und dass die Eltern diese großzügige Tat getan haben, zu sagen: »Wir geben diese Organe frei.« Da war ich mit einem Mal nur noch dankbar. Dass Menschen so etwas fertigbringen, ihr Kind sozusagen weiterzuverschenken. Eine Woche lang hatte ich das Gefühl, ich hätte so ein kleines Kind in meinem Körper, und ich müsste ganz vorsichtig sein, was ich ihm zumute. Ich wollte keine Krimis oder zu aufregende Filme mehr gucken, ich hatte das Gefühl, dieses kleine Kind kann ich nicht mit diesem Erwachsenenkram beballern.

Und irgendwann lag ich im Bett und dachte: Ich muss mich mit dem Kind in Verbindung setzen. Ich glaube, dass die Seelen nicht sterben. Sondern, dass das Kind zwar seinen Körper hier gelassen hat, aber die Seele noch unterwegs ist. Für mich war es aber keine Kinderseele, es gibt ja keine Kinderseelen, es gibt nur Seelen. Und es war eine Seele, die gesagt hat: »Es ist alles gut. Jetzt ist ein Teil von mir bei dir, und ich freue mich, dass es so ist«. Wie ein kleiner Ritter, der gekommen ist, um mir zu helfen, mich zu unterstützen. Es war ein Junge, für mich waren es immer zwei männliche Organe, die jetzt in mir wohnen, komischerweise.

Ich habe keine Ahnung, ob es da physische Unterschiede gibt, aber für mich ist es so, dass sich mein Körper freut, dass diese beiden Organe da sind und diese beiden Organe freuen sich, dass sie bei mir noch eine Weile auf dieser Erde verbringen können. Ich kann mir vorstellen, dass ein Organ, wenn es ein paar Jahrzehnte im Körper eines anderen Menschen lebt, mehr als nur physische Merkmale annimmt. Und dass die manchmal einfach nicht zusammen passen. Davor hatte ich Angst gehabt, dass es so fremd sein könnte, dass ich damit nicht umgehen könnte – aber das war es nicht. Und so hatte ich auch nie irgendwelche Abstoßungsreaktionen.

Vom Warten in der Trauer

Das Warten in der Trauerzeit ist eine der am schwierigsten zu fassenden Spielarten. Lange war es ein von außen verordnetes Innehalten, bis man sich nach dem Verlust eines Partners neu band. Es kann auch das Abwarten sein, dass ein Schmerz abklingt, von dem man nicht weiß, ob er je verschwinden wird. Dann wird es zur existenziellen Herausforderung für die Trauernden – und häufig zur Geduldsprobe für deren Umgebung, die darauf wartet, dass sie in den Alltag zurückkehren.

Warum die viktorianische Witwe länger trauert als der viktorianische Witwer

Die schwarz gekleideten Frauen, die ich als Kind in unserem Dorf gesehen habe, scheinen weit weg. Ich war lange nicht mehr dort, wahrscheinlich leben sie nicht mehr. Vermutlich waren es Witwen, die Trauerkleidung trugen. Als Kind habe ich nicht darüber nachgedacht, warum ich sie immer nur in Schwarz sah – es schien einfach die typische Kleidung für alte Frauen im Dorf zu sein.

Sie waren die letzten ihrer Art. Sie gehörten zu Frauen, für deren Witwenschaft es noch Regeln gab:

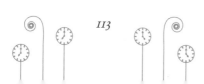

Wie man sich zu kleiden, sich den Männern gegenüber zu verhalten hatte. Nicht zu offensiv, nicht zu interessiert. Sie schienen viel Zeit zu haben. An alte Männer in Schwarz kann ich mich nicht erinnern. Für sie gab es keine Trauerzeit.

Wenn man die Trauerzeit als eine soziale Zwangspause versteht, ein Abwarten, bis sich der Trauernde wieder in die soziale Gemeinschaft einfügen kann, dann gibt es dafür unterschiedliche Erwartungen an Männer und Frauen. Und es scheint bei den Geschlechtern auch eine unterschiedlich große Bereitschaft zu geben, das Warten zu leben. Die einen machen die Regeln, die anderen befolgen sie. Zumindest galt das über Jahrhunderte. Die Hamburger Partnerschaftsvermittlerin Ulrike Grave hat die Erfahrung gemacht, dass Männer deutlich schneller wieder eine Beziehung eingehen als Frauen. Sind es ältere Männer, haben sie, nüchtern gesehen, auch eine größere Auswahl als die Frauen, die wegen der höheren Lebenserwartung irgendwann in der Überzahl sind.

Aber ich glaube, dass neben den praktischen Gründen auch die gesellschaftliche Erwartungshaltung eine Rolle spielt: Der Mann alleine scheint sich nicht versorgen zu können, er ist nicht in der Lage, ein Essen für sich zu kochen, so die Annahme, die Wohnung verkommt, und er vereinsamt im Unrat. Niemand wunderte sich, als der frühere Bundeskanzler Helmut Schmidt, dessen jahrzehntelange Ehe mit Loki Schmidt als eine Art Philemon-und-Baucis-Beziehung gedeutet wurde, knapp zwei Jahre nach ihrem Tod offiziell eine neue Lebensgefährtin hatte. Und umgekehrt? Schwierig zu sagen, ob der Unmut angesichts von Jackie Kennedys Heirat mit Aristoteles Onassis allein daran lag, dass man den griechischen Milliardär nicht für einen würdigen Nachfolger eines US-Präsidenten hielt. Oder ob darin auch mitschwang, dass Jackie Kennedy in den Augen der Öffentlichkeit länger hätte abwarten müssen, bis sie erneut heiratete – oder überhaupt nicht wieder hätte heiraten dürfen.

Doch trotz dieses Drucks: Witwen können heute selbst entscheiden, ob und wann sie wieder heiraten. Das haben ihre Vorgängerinnen jahrhundertelang anders erfahren müssen. Sie wurden in eine Art soziale Zwangspause geschickt. Und es war tatsächlich eine Frau, die die Trauerzeit für Witwen am 14. Dezember 1861 noch ein letztes Mal zu einer verbindlichen, ernst zu nehmenden Pflicht machte – und sie tat es zugleich als hinterbliebene Ehefrau und als englische Königin: Queen Victoria. Ihre öffentliche Trauer um Prinz Albert ist mindestens so stark im kollektiven Gedächtnis geblieben wie ihre lange Regentschaft, und das liegt sicher an der Leidenschaftlichkeit, mit der sie die Erinnerung an ihren Mann aufrechterhielt. Dazu kommt, dass sie die letzte sozusagen öffentliche Witwe ist, eine Frau, die sich eines überlieferten Repertoires an Kleidung, Gesten und Zeremonien bediente, um ihre Witwenschaft zu leben und zu zeigen. Aber: Queen Victoria konnte diesen Zustand selbst gestalten, und das unterschied sie von der Mehrzahl der Witwen in früheren Zeiten.

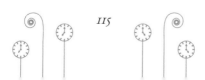

Witwe zu sein bedeutete über Jahrhunderte hinweg, sich strengen gesellschaftlichen Regeln zu unterwerfen, die darauf abzielten, die Gefahr, die von einer Frau ohne Mann ausging, einzudämmen. Es ist kein Zufall, dass der indogermanische Begriff für Witwe, nämlich »wid hewā«, auf das altindische »vid hávā« zurückgeht, was soviel bedeutet wie die »Weggesetzte«. Letztendlich haben die europäischen Autoritäten über Jahrhunderte hinweg keine eindeutige Antwort auf die Frage gefunden, ob das Problem der Witwe als eigenständiger Frau ohne Mann durch eine Wiederheirat gelöst werden sollte oder nicht. Während der Islam die Frauen dazu ermutigte, wurde die zweite Ehe im Juden- und frühen Christentum nur als geringeres zweier Übel gesehen.

Queen Victoria hatte allerdings wenig Neigung zu einer neuen Verbindung. Sie zog sich nach dem Tod Alberts nahezu vollständig aus dem öffentlichen Leben zurück. Dass sie kaum noch an Staatsakten teilnahm, versuchte sie mit ihrem schlechten Gesundheitszustand zu entschuldigen, die Öffentlichkeit nahm es dennoch kritisch auf. Im März 1864 hingen Spottplakate am Gitter des Buckingham Palace, auf denen zu lesen war: »These commanding premises to be let or sold, in consequence of the late occupant's declining business.« Victoria trug vierzig Jahre lang Trauerkleidung, ihren Hof verpflichtete sie, ein Jahr lang volle Trauer und anschließend Halbtrauer anzulegen. Noch vier Jahre nach dem Tod Alberts verbot sie der 17-jährigen Prinzessin Louise mit Verweis auf die Trauerpflicht, beim Debütantinnenball mitzutanzen und die königlichen

Bediensteten mussten bis 1869 schwarze Armbinden tragen. Es liegt etwas Egozentrisches, aber auch etwas Faszinierendes und Rührendes in der Absolutheit dieser Trauer, die sich auf die ganze Welt legen sollte. Gut siebzig Jahre später schrieb der englische Dichter W. H. Auden ein Gedicht, das als »Funeral Blues« bekannt werden sollte und das genau diesen Wunsch ausdrückt: dass die Welt still stehen solle. »Stop all the clocks, cut off the telephone, / Prevent the dog from barking with a juicy bone / Silence the pianos and with muffled drum / Bring out the coffin, let the mourners come.« Das Gedicht taucht 1994 in dem Film *Vier Hochzeiten und ein Todesfall* auf, wo ein Mann es am Grab seines plötzlich verstorbenen Lebensgefährten Gareth zitiert. Es rührte die Zuschauer so sehr, dass der Verlag eine Sonderausgabe auf den Markt brachte. Aber diese Trauer, und das ist kein Zufall, nimmt einen anderen Verlauf als die von Queen Victoria: Sie klingt aus. Im Abspann sieht man den Hinterbliebenen an der Seite seines neuen Freundes. 1994 mag es noch immer Unterschiede in der Art geben, wie Männer und Frauen trauern, von außen bestimmt werden sie nicht mehr. Queen Victoria dagegen legte Trauerstandards fest, denen zufolge um einen Ehemann zwei bis drei Jahre, um eine Ehefrau dagegen nur drei Monate zu trauern war. Damit schloss sie sich einer langen – und ungerechten – Tradition an: einer Zwei-Klassen-Gesellschaft der Trauernden.

So galt im Wallis für die Frau eine Trauerzeit von zwei bis drei Jahren, für den Mann war nur ein Jahr vorgesehen. In Horb, einem kleinen Ort im Nord-

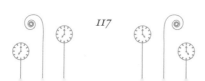

schwarzwald, trugen die Witwen ein Jahr lang Schwarz für die Zeit der tiefen Trauer und danach sechs Wochen lang »Geschecket« als Halbtrauer. Waren Witwen also an ihrer Trauerkleidung schon von fern und für lange Zeit zu erkennen, so trugen die Witwer oft nur bei der Beerdigung und möglicherweise am Sonntag Schwarz, ansonsten genügte ein Trauerband. In den Marschen der Unterweser durfte eine Frau in Tieftrauer das Haus ein halbes Jahr lang nicht verlassen, und in Frankreich sollten Edelfrauen beim Tod des Mannes sechs Wochen im Bett bleiben. Zweierlei Maß galt auch für die Teilnahme an Vergnügungen: Sollten Männer vier Wochen lang nach dem Todesfall nicht tanzen, galt das für die Frauen ein ganzes Jahr lang.

Das Leben der Witwen unterschied sich von Land zu Land, von Jahrhundert zu Jahrhundert und von Stand zu Stand. Eines aber lässt sich bis zum Ende des 19. Jahrhunderts für sie alle sagen: Sie wurden aus dem Alltag ihrer Umgebung ausgeschlossen, die meisten zeitweise, die Hindu-Frauen höherer Kasten sogar für den Rest ihres Lebens, in dem sie Trauerkleidung tragen mussten und als unrein galten. Die Trauerzeit war – jenseits der Frage, ob die Witwen ohnehin um ihren Mann trauerten, weil sie ihn geliebt hatten – ein Abwarten, eine gesellschaftlich verordnete Zwangspause, die manchmal bis zum Lebensende dauerte.

Diese Regelungen hatten teils sehr praktische Wurzeln. Erst einmal sollten sie sicherstellen, dass die Vaterschaft bei bestehenden Schwangerschaften zweifelsfrei blieb. Teilweise mögen auch die kürzeren Trauerzeiten für Witwer auf praktische Erwägungen zurückgehen: Wo vielfach Mütter im Kindbett starben und unversorgte Neugeborene und deren Geschwister hinterließen, galt es, rasch Stiefmütter zu finden, die den Haushalt führten. Doch gab es diese Not nur in Familien, die sich keine Dienstboten leisten konnten.

Es bleibt ein Gefälle zwischen Witwen und Witwern – jenseits aller praktischen Erwägungen. Und das ist nur mit dem unterschiedlichen Status von Mann und Frau zu erklären: Eine Frau, die ihren Mann verlor, verlor ihre soziale Identität, sie galt in einer männlich bestimmten Welt ab nun als ein Mangelwesen. Niemand wäre bei einem Witwer auf einen ähnlichen Gedanken gekommen. Noch 1888 konnte der Anthropologe Paolo Mantegazza schreiben: »Der Witwer wird meist ein ausgezeichneter Gatte; darum verzeihen ihm die Frauen auch leicht ein Dutzend Jahre. Man kann dasselbe nicht von einer Witwe sagen, bei ihr merkt man immer, sie kann noch so gut sein, etwas von einer aufgewärmten Mahlzeit.« Diese Ambivalenz fand ihren Eingang selbst in die Kleider der Braut: Im viktorianischen England heirateten Witwen in Grau, denn diese Ehe stand zwischen Freude und Bedauern, keinesfalls aber hatte sie den Wert einer ersten Hochzeit.

Queen Victoria wartete nicht auf eine zweite Ehe, sie wartete auf den Tod, von dem sie hoffte, dass er sie mit Albert wiedervereinen würde. Am 10. Januar 1862 schrieb sie an den frisch verwitweten Earl Canning über ihre eigene Situation: »To the Queen it is like *death* in life! Her *only* support – the *only* ray of comfort she gets

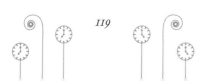

for *a moment,* is in the *firm conviction* and certainty of his nearness, his undying love, and of their eternal reunion!« Und als sie am 22. Januar 1901 nach vierzig Jahren Witwenschaft starb, wurde sie auf ihren Wunsch hin ganz in Weiß beerdigt, und über ihrem Gesicht lag ihr weißer Hochzeitsschleier.

Nicht einmal zwei Jahrzehnte später kamen mit dem Ersten Weltkrieg und seinen Millionen von Toten die aufwendigen Trauerrituale der Witwen zu ihrem Ende. Angesichts der bloßen Zahl schien ihre Situation nicht mehr die Ausnahme von der gesellschaftlichen Regel, die man hätte kennzeichnen müssen oder können. Überdies waren viele der Frauen berufstätig, so dass sie den tradierten sozialen Rückzug ohnehin kaum hätten darstellen können. Und schließlich galt die der Trauerkleidung zugrunde liegende Botschaft nicht mehr unbedingt: Das Beziehungsleben der Frauen, ihre Sexualität waren nicht unwiederbringlich verloren. Auch wenn noch 1980 in Zeitungen von Witwen in Süditalien zu lesen war, die von den Familien ihrer verstorbenen Männer an einer Wiederheirat gehindert wurden – die Zeit der gesellschaftlich vorgegebenen Trauer-Auszeiten ist vorüber. Tod und Trauer haben sich ins Private zurückgezogen. Die heutigen Witwen sind ungleich freier als ihre Vorgängerinnen, sie sind nicht mehr nur Überbleibsel ihrer verstorbenen Ehemänner.

Das ist der große Gewinn. Aber einen Verlust gibt es auch: Mit dem Ende der verbindlichen Trauerzeit hat man das Innehalten nach dem Tod eines Menschen mit über Bord geworfen. Heute sollen Witwen und Witwer gleichermaßen zur Tagesordnung zurückkehren, nach vorne statt zurück schauen und funktionieren in einem Leben, das nicht zu viel Erinnerungs- und Trauer-Ballast trägt. In konkreten Zahlen lässt sich das in den USA ablesen: 1927 nannte Emily Post in ihrem *Blue book of Social Usage* drei Jahre als angemessene Trauerzeit für eine Witwe, 1950 waren es drei Monate und 1972 empfahl die Etikette-Expertin Amy Vanderbilt nach einem Todesfall nach einer Woche das normale soziale Leben wieder aufzunehmen.

Ihren Höhepunkt hat die neue Eile im Umgang mit der Trauer in der Neuauflage des *Diagnostic and Statistical Manual of Mental Disorders,* dem Diagnostik-Handbuch der American Psychiatric Association, gefunden: Demnach kann der Schmerz um den Verlust einer nahestehenden Person, wenn er länger als zwei Wochen dauert bereits als Krankheit eingestuft werden. Die langsameren europäischen Ärzte haben sich dagegen verwahrt. Bei den meisten Trauernden verschwänden die Symptome, die denen einer Depression vergleichbar seien, auch ohne Therapie nach wenigen Wochen oder Monaten. Queen Victorias lebenslange Trauer wäre aber selbst ihnen zu viel – so wie sie bereits den Zeitgenossen zu viel wurde. Trauern, das bedeutet, sich selbst aus dem Leben herauszunehmen, oder aber herausgenommen zu werden. Wer das von sich aus tut, ist auf die Geduld seiner Umgebung angewiesen, und die erwartet, nach einer mehr oder weniger langen Frist die Rückkehr zur Normalität. Heute sind die Trauernden Sand im Getriebe. Im Kino finden wir es sehr ergreifend, wenn die Uhren angehalten werden – in der Realität stört es uns.

Deshalb war der allgemeine Aufschrei nach dem Erscheinen des Handbuchs der US-Psychiater so erleichternd – noch ist Trauer, zumindest eine, die einige Monate dauert, gesellschaftlich akzeptiert.

Die alten Frauen aus meinem Dorf passen trotzdem nicht mehr dazu. Sie passen nicht, weil es bei ihnen weniger um eine innere Trauer als um eine äußere Form ging. Sie passen nicht, weil sie zu einer Generation gehörten, in der man als Witwe der übrig gebliebene Teil war und zwar der gesellschaftlich weniger relevante. In der eine unverheiratete Frau jenseits der Vierzig ohnehin nichts zur Sache tat, schließlich waren keine Kinder mehr von ihr zu erwarten. Das Schwarz, das sie trugen, war die Farbe, in der sie auf den Tod warteten. Es gibt also mit ihrem Verschwinden nichts zu vermissen. Vielleicht das eine: Dass ich sie als Kind als Gruppe erkennen konnte, vor der Kirche oder vor dem Einkaufsladen stehend, dass sie in dieser Kinderwelt so deutlich zeigten, wer sie waren, wie der Bäcker mit seiner weißen Schürze. Nun ist die Welt freier geworden – und komplizierter.

Im Wartesaal

Irmtrud Hillinger* wartet auf die Heimkehr ihres Mannes aus dem Krieg

Irmtrud Hillinger ist eine sehr alte Dame, sie hat den Zweiten Weltkrieg als junge Frau miterlebt. Man merkt, dass es für sie eine Zeit ist, die weit weg liegt und sie doch immer noch beschäftigt: mit der Frage, ob sie das Unrecht des Nationalsozialismus hätte erkennen müssen und wie ihr Mann, ein U-Boot-Kommandant, damit umging, für dieses Regime zu kämpfen. Irmtrud Hillinger spricht über all das, weil sie einer alten Freundin, meiner Tante, damit einen Gefallen tut. Aber man merkt: Es strengt sie an. »Sollen wir ein anderes Mal weiter sprechen?«, frage ich sie am Telefon. »Nein«, sagt sie. »Machen Sie Schluss, wenn Schluss ist. Nicht noch einmal.« Sie hat so gut wie nie über diese Monate gesprochen, als sie wider aller Vernunft hoffte und wartete, dass ihr Mann aus dem Krieg zurückkäme. Es ist schwierig, ihr Details aus dieser Zeit zu entlocken: wie dieses Warten praktisch war, wie es sich anfühlte. Aber vielleicht liegt es in der Logik eines Wartens mit ungewissem Ausgang in einer Zeit, in der alle verlässliche Ordnung zerbrochen war: dass man sich auf das Naheliegende, das zu Tuende konzentriert und nicht auf eine unsichere Hoffnung. Doch das Warten ist eine Tochter der Hoffnung und widerständig auch gegen besseres Wissen.

Ich erhielt 1944 die Nachricht, dass mein Mann gefallen sei, aber sie erreichte mich nicht persönlich. Meine Mutter wohnte damals bei mir und eines Tages sagte sie, »ich habe so etwas gehört«, aber sie wusste auch nichts Genaues. Deswegen habe ich das nicht glauben wollen. Ich hätte doch von seiner Dienststelle direkt benachrichtigt werden müssen, als junge Ehefrau.

Damals war ich so schüchtern, dass ich auch gar nicht nachgebohrt habe, sondern ich habe nur gedacht, ich will das selbst hören. Ich wollte es einfach nicht glauben. Aber als mein Mann das letzte Mal bei mir war, da hatte er ja gesagt: »Die Feinde haben jetzt das Radargerät erfunden. Ich werde wohl nicht zurückkommen können, die finden uns überall.« Mit diesen Worten ist er weggefahren. Das war am 25. Oktober 1944, da haben wir uns zum letzten Mal gesehen. Von da an habe ich auf ihn gewartet.

Geheiratet haben wir 1942, aber wir haben gar keine richtige Ehe führen können. Dazu hatten wir ja kaum Gelegenheit. Aber wir haben zusammen in der Wiege gelegen. Das ist eine lange Geschichte. Als meine Geschwister ansteckend krank waren, hat meine Mutter sie zu einer Tante gebracht und ist mit mir zu den Luhmanns gezogen. Und kurz darauf war Gerhard geboren, und da hat sie uns Zwillinge genannt und später, viel später, als ich schon erwachsen war, wurde mir erzählt, ich hätte einen Zwilling. Später haben wir uns dann Briefe geschrieben, ich war im Arbeitsdienst und er junger Matrose. Und allmählich hat es sich zu Liebe gewandelt.

Mein Mann war vor allen Dingen Seemann. Einer seiner Sprüche lautete: »Ehre sei Gott auf dem Meere. Er hat das Meer so weit bestellt, damit nicht jeder Lump auf der Welt, womit die Erde so reichlich gesegnet, dem fröhlichen Seemann dort draußen begegnet.« Und dann, als es ernst wurde, hat er gesagt: »Ich habe geschworen, mein Vaterland zu verteidigen, ganz egal, wie jetzt der Führer ist, ich muss meinen Dienst tun, um das Vaterland zu verteidigen.« Heute sagen die Leute: Das hätten die doch wissen müssen, dass es mehr Hitler-Wille war als Ausländer-Wille, dass Krieg wurde, aber das alles konnte man damals ja nicht so übersehen. Und er war kein Nazi, er sagte immer: »Wenn der Krieg aus ist, dann geht innen der nächste Krieg los, wir müssen uns von den Nationalsozialisten befreien.« Aber er war kein Mörder, und das alles ist für mich ganz schwer zu verstehen. Es heißt: Gott ist die Liebe, aber er hat alle schrecklichen Menschen geschaffen, wie sie sind. Dafür finde ich keine Erklärung.

Mein Mann konnte wie ein Clown sein, ganz lustig, ganz locker und dann wieder todernst, ernster kann man gar nicht sein. Er war U-Boot-Kommandant und viel zu jung für diese Aufgabe. Als wir geheiratet haben, da meinte auch meine Familie, der sei doch noch ein Kind. Und da hat er geantwortet: »Ich werde dazu kommandiert, Menschen umzubringen. Da werde ich ja wohl auch die Erlaubnis kriegen, Menschen zu erzeugen.«

Unser Sohn ist 1944 geboren, ein Jahr nach unserer Hochzeit. Nun hatte ich ja eine Aufgabe und für meinen Mann war der Sohn ein großes Glück. Und als er

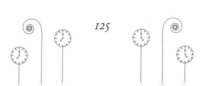

wegging, da hat er zu mir gesagt: »Mach einen Mann aus ihm.«

Nach diesen ersten Gerüchten, mein Mann sei gefallen, kam später noch einmal jemand zu mir gerannt und sagte: »Da kam ein Zug durch und da waren Leute, die uns zugerufen haben und da war Ihr Mann auch dabei.« Da habe ich geantwortet: »Das glaube ich nicht, ich glaube es einfach nicht.«

Man hatte ja nicht nur Menschen verloren, auch Arbeit, Wohnung, einfach alles. Mein Mann hatte versucht, über die Bank und über angesammelten Sold für mich zu sorgen, aber dann kam die Währungsreform. Und ich stand da, allein mit meinem kleinen Sohn, studieren konnte ich nicht weiter. Ich habe dann auf dem Land geholfen, aber es war eher umgekehrt: Die mich da aufnahmen, die haben für mich gesorgt, dass wir überhaupt etwas zu essen hatten und dass ich ein Dach über dem Kopf hatte. Im Innersten habe ich mir damals gesagt, du musst dich damit abfinden. Er kommt nicht wieder zurück. Aber dazu war ich einfach noch nicht bereit. Ich wollte auf ihn warten.

Eines Nachts habe ich im Traum gesehen, dass eine große Menge Marineleute eine breite hohe Treppe hinaufstieg und alle waren klatschnass. Mein Mann drehte sich zu mir um und sagte: »Hier kannst du mich jetzt nicht mehr begleiten.« Und dennoch klammert man sich an die Hoffnung, wie auch sonst im Leben. Ohne Hoffnung könnten wir ja gar nicht existieren. So schwankt man auch in solch fürchterlichen Zeiten zwischen der Wahrheit und der Hoffnung. Ich wollte lieber hoffend warten, als für immer enttäuscht zu sein. Und so verharrte ich in diesem ungewissen Warten.

1947, drei Jahre später, kam dann doch die Todesnachricht. An die Umstände kann ich mich nicht erinnern. Ich weiß nur noch, dass es irgendjemand von der Marine war, nicht offiziell, jemand, der mich kannte.

Das Warten war dann plötzlich vorbei, die Verzweiflung umso größer. Als ich so verzweifelt war, kam eine junge Frau zu mir, deren Mann auch gefallen war. Sie wollte uns beide trösten und erzählte, sie wäre in der Kirche gewesen und der Pastor hätte gesagt: »Der Mensch ist wie eine Raupe, ein Erdenwesen und wenn er gestorben ist, dann ist die Raupe zum Schmetterling geworden und ohne Schwere.« Und da sagte sie zu mir: »Glaubst Du denn, dass unsere Männer jetzt um uns herumflattern?« In dieser traurigen Situation musste ich wirklich lachen. So war das damals.

Ich selbst habe zwei Brüder beim Militär verloren, andere ihre Männer, Väter, Brüder. Das Leid hing über uns allen. Ob Mütter, Frauen oder Schwestern, überall dieser grenzenlose Kummer und immer wieder der Gedanke: Es ist so umsonst. Du bist zwar nicht allein, aber du musst es alleine tragen.

Nach dem Krieg habe ich mehrere Männer kennengelernt, aber ich habe keinen gefunden, der auch nur annähernd an meinen Mann herankam. Und jetzt sage ich mir: »Lasst mich in Ruhe«. Aber das liegt nicht nur am Alter.

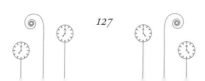

»Wir wünschen uns leidenschaftlich, es möchte
ein anderes Leben geben, in dem wir dieselben bleiben,
die wir hienieden gewesen sind. Aber wir bedenken
nicht, daß wir, sogar ohne erst auf dieses andere Leben
zu warten, schon in diesem hier nach einigen Jahren
dem untreu werden, was wir gewesen sind
und was wir selbst in der Unsterblichkeit noch
wiederfinden wollten.«

Marcel Proust

Auf den Anfang warten

Es ist eine sehr spezielle Form des Wartens: Schwanger zu sein, bedeutet auf ein neues Leben zu warten – das aber ja bereits da ist. Man wartet auf die Geburt, aber zugleich bleibt man in dem spannenden und erstaunlichen Jetzt, das sich ständig ändert: die Übelkeit der ersten Wochen, der wachsende Bauch, die ersten Bewegungen des Kindes. Das Warten in der Schwangerschaft ist in vieler Hinsicht besonders. Es ist ein Leben in Gegenwart und Zukunft zugleich, wie es sonst nicht stattfindet. Denn das Fatale wie Verführerische des Wartens ist in der Regel, dass es die Gegenwart zurücktreten lässt gegen eine künftige Verheißung.

Wer schwanger ist, ist guter Hoffnung, so hieß es früher, und erlebt zugleich eine kostbare Gegenwart. Doch die Medizin hat in den letzten Jahren einen Schatten auf diese Hoffnung gelegt. Schwangerschaft, das ist heute ein Zustand, der durch die Pränataldiagnostik für richtig befunden werden muss: Erst wenn Fein-Ultraschall, Nackenfalten-Messung und Fruchtwasser-Untersuchung die Gewähr vorgeben, ein gesundes Kind zu bekommen, ist man wirklich schwanger.

Damit verwandelt sich das Warten in der Schwangerschaft von der guten Hoffnung in ein Warten auf das richtige Testergebnis. Es braucht Entschiedenheit

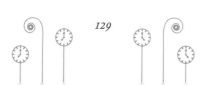

und Zuversicht und Vertrauen, um sich dagegen zu stemmen.

So wie es Entschiedenheit und Zuversicht und Vertrauen braucht, um sich mit dem Unvollkommenen anzufreunden. Man kann sehr lange auf große spektakuläre Anfänge warten, die nie auftauchen werden: eine große Liebe, ein leidenschaftliches Interesse für ein Fachgebiet, ein berufliches Angebot. Es kann verführerisch sein, sich in dieser Warte-Höhle zu verstecken und damit den Mühen und Enttäuschungen der Ebene aus dem Weg zu gehen. Statt auszuhalten, dass es Tage gibt, an denen die große Liebe unattraktiv ist, das neue Fachgebiet spröde und die Stelle langweilig. »Lehre mich zu erkennen, was ich ändern kann und was nicht«, heißt einer der Sprüche, die zu oft auf Kühlschränke und Bücherregale gepinnt worden sind und doch stimmen. Man sollte hinzufügen: »Lehre mich zu erkennen, wann ich warten soll und wann nicht.«

Die Samen wissen es, so könnte man als biologischer Laie sagen, der ihnen Absicht unterstellt. Es gibt aber auch Menschen, die sich das Warten mühselig abgewöhnt haben, weil es für sie mit enttäuschten Hoffnungen verbunden war, mit einer Verletzlichkeit, die sie sich nicht leisten konnten. Der Häftling Helmut Pammler war einer von ihnen. Dass er nach Jahrzehnten im Gefängnis angefangen hat zu warten, ist ein großer und riskanter Schritt.

*Ein Gespräch mit der Biologin
Dr. Anette Gräff*

Meine Schwester ist Biologin geworden, weil sie die Geisteswissenschaften verachtet. Aber nicht so sehr, dass man ihr nicht eine ganz unbiologische Frage stellen könnte: Warten Pflanzen eigentlich auch? Denn Warten setzt – zumindest im üblichen Sprachgebrauch – eine Absicht voraus, die man dem Besenginster erst einmal nicht unterstellen würde. Trotzdem lässt sich Anette auf die Frage ein. Und tatsächlich kann man bei den Samen insofern von einem Warten sprechen, als dass sie solange passiv bleiben, bis sie ein bestimmtes Signal erhalten. Erst als ich nach einer Art ausgleichender Gerechtigkeit bei den Samen frage – denn es gibt welche, die eine geringe räumliche Ausbreitungsfähigkeit, dafür aber hohe Wartefähigkeiten (biologisch formuliert: Überdauerungszeiten im Boden) haben – da endet ihre Geduld: »Gerechtigkeit«, sagt Anette, »ist keine biologische Kategorie«.

Kann man sagen, dass die Samen in der Erde warten, bis sie sprießen?
Sie warten auf ein Signal, die Samenruhe zu beenden. Das ist meistens ein Temperatursignal.

Wie funktioniert das?
Das sind Temperaturen zwischen null und fünf Grad, nur die Hochgebirgspflanzen brauchen echten Frost. Dann kann man noch einmal unterscheiden: Es gibt erst einmal Bedingungen, die eintreten müssen, damit

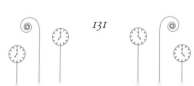

ein Same prinzipiell bereit wird, irgendwann einmal zu keimen und später geht es um Bedingungen, die herrschen müssen, damit der Same wirklich loslegt.

Was bewirkt das Temperatursignal bei den Keimen?
Es führt dazu, dass die Samenschale durchlässiger wird oder dass Hormone und Enzyme tätig werden. Oder, dass ein bestimmter Hemmstoff, der das Keimen verhindert, in seiner Konzentration niedriger wird. Das Kältephänomen gilt allerdings eher für uns hier in Europa, es gibt auch Arten, die hohe Temperaturen brauchen.

Warten die Samen ausschließlich auf Temperatursignale?
Es gibt auch Lichtsignale. Unter den Pflanzen gibt es Dunkelkeimer und Lichtkeimer, die jeweils mit dem sogenannten inneren Zellauge arbeiten. Das ist ein Pigment, das erkennt, wie Licht zusammengesetzt ist. Sonnenlicht enthält hellrote und dunkelrote Anteile, und das Verhältnis zwischen ihnen verändert sich, wenn das Licht durch ein Blatt hindurchgegangen ist, da dann Teile des Lichts absorbiert und reflektiert wurden. Wenn sich der Anteil des dunkelroten Lichts relativ zu dem des hellroten erhöht, steckt darin für den Samen die Information, über mir wächst jemand, und ich muss warten, bis es mehr hellrotes Licht, sprich mehr Platz für mich gibt.

Erreicht die Keime im Boden denn ein Lichtsignal?
Es ist so organisiert, dass bereits ein sehr schwacher Lichtreiz ausreicht. Trotzdem dürfen die Samen nicht

beliebig tief im Boden sein. Außerdem ist die Mithilfe von Tieren im Boden notwendig, die die Lage der Samen verändern, sie also weiter nach oben bringen.

Damit wird das Keimen zum Roulette-Spiel.
Nicht, was das Licht betrifft. Es ist verblüffend, wie wenig Licht ausreicht. Da das innere Zellauge in jeder Zelle des Samens steckt, muss der Same nicht mit jedem Punkt seines Körpers dem Licht ausgesetzt sein. Beerensamen müssen dagegen das Glück haben, gefressen zu werden, um zu keimen. Sie müssen nämlich erst einen Verdauungstrakt passiert haben, in dem die keimungshemmenden Stoffe zersetzt werden. Das hängt damit zusammen, dass es für diese Arten günstig ist, wenn sie eine gewisse Entfernung zu ihrer Mutterpflanze zurücklegen. Sie wollen sozusagen neues Territorium besiedeln, und deswegen ist vorab ihr Weg durch den Darmtrakt dringend, weil er bedeutet, dass sie über eine gewisse Distanz von einem Tier getragen werden. Um aber die Darmpassage überhaupt zu überleben, ist eine geringe Größe und harte Samenschale entscheidend. Eine Kuh scheidet pro Tag sechstausend keimfähige Diasporen, das sind Samen, aber auch Sporen und Früchte, aus.

Wozu dient die Samenruhe, also die Wartezeit?
Sie sorgt dafür, dass die Keime die günstigsten Bedingungen für die Keimung abpassen, weil die Keimphase sowieso eine gefährliche ist, die längst nicht alle überleben. Dank ihrer keimen die Samen zum richtigen Zeitpunkt, also zum Beispiel nicht mitten im Winter. Bei

anderen Arten, die erst nach einem Brand keimen, ist gesichert, dass in ihrem Lebensraum eine Lücke für sie vorhanden ist. Das sind naheliegenderweise Samen mit feuerfester Schale.

Wo leben diese Pflanzen?
Im Busch, in Gebieten, in denen es aus natürlichen Gründen häufig brennt. Besenginster, Besenheide und Adlerfarn sind heimische Arten, bei denen die Samenruhe früher durch großflächiges Brennen der Felder gebrochen wurde.

Wie lange kann die Samenruhe dauern?
Die meisten Samen überleben nur zehn Jahre, aber es wurden auch welche gefunden, die eintausendsechshundert Jahre alt sind. Eine geringe räumliche Ausbreitungsfähigkeit von Samen ist oft verknüpft mit einer hohen Überdauerungszeit im Boden.

Im Wartesaal

Martina Rieken*, 38, wartet auf die Geburt ihres ersten Kindes

Martina Rieken ist eine dieser Frauen, bei der man sich fragt, wie sie alles unter einen Hut bekommen: Sie hat in London studiert, in Afrika geforscht, dann ein Stipendium in Italien angetreten, eine Stelle in Halle bekommen, aber da ist auch noch dieses Stipendium in Harvard. Martina Rieken steckt voller Energie, und das sieht und hört man ihr auf hundert Meter Entfernung an: lebhafte Gesten, gut hörbare Stimme mit leichtem süddeutschen Zungenschlag, schmales Gesicht mit großen Augen, umrahmt von dunklen Locken. Martina Rieken erzählt viel und schnell und dazwischen lacht sie viel und schnell. Aber sie ist nicht eine dieser Perfekten, die überrascht fragen, warum nicht jeder die wissenschaftliche Karriere so bewältigt wie sie: Zudem ist sie zu klug, kennt den Zweifel zu gut und auch schwierigere Zeiten. In der Schwangerschaft hat sie die schmale, knabenhafte Figur verloren, nicht aber ihre Lebhaftigkeit und die Angewohnheit, die Dinge zu analysieren. Und noch etwas ist anders – durch das Warten ist sie gelassener geworden.

Der errechnete Geburtstermin ist in vier Tagen. Und ich bin eigenartig ruhig. Ich merke, dass ich sehr viel geduldiger bin als sonst, überhaupt in der Schwangerschaft, aber jetzt gegen Ende hin sogar noch einmal mehr. Ich weiß nicht, ob es mit den Hormonen zusammenhängt, es ist wie eine körperlich verordnete Konzentration auf mich selbst. Ich bin einfach gelassen, rege mich nicht mehr so schnell auf. Als ich im siebten Monat schwanger war, war ich noch einmal auf einer Konferenz, und da hat jemand meinen Vortrag auseinander genommen und mir vorgeworfen, dass ich mit meiner Interpretation übertrieben hätte. Und da saß ich vorn auf dem Podium und habe gesagt: »Maybe yes, maybe no«, weil es mir egal war. Vorher hätte ich niemals in der Öffentlichkeit so mit den Schultern gezuckt. Eigentlich habe ich nicht das Bild von mir, ein mütterlicher Typ zu sein. Aber ich habe mich mehr darauf eingelassen, als ich es erwartet hätte. Dieses Weicherwerden, Gelassenerwerden, das ist, glaube ich, tatsächlich so, das bilde ich mir nicht ein.

Das Negative dabei ist, dass ich mich auch nicht mehr richtig auf etwas anderes konzentrieren kann. Ich kann gerade noch eine Tageszeitung lesen, aber keine Romane mehr. Dafür funktionieren meine Warnsysteme ungewöhnlich gut. Ich merke sofort, wenn mich etwas zu sehr anstrengt oder mein Bluthochdruck hochgeht. Es ist ein vollkommen neuer Zustand für mich, der irgendwo im Dazwischen liegt – eine komische Mischung aus freudiger Erwartung, einem Ur-Vertrauen in das, was kommen wird und einem etwas müden Nicht-mehr-warten-Wollen. Ein Zustand, den ich vorher überhaupt nicht kannte, der einen aber sehr vereinnahmt und eben auch verändert.

Wir waren schon zweimal in der Klinik, ich hatte schon zwei Probedurchgänge wegen meines Blutdrucks.

Weil der so extrem hoch ging, bestand die Gefahr einer Schwangerschaftsvergiftung. Das war jedes Mal wirklich lustig, weil die Taxifahrer dann immer die Hände über dem Kopf zusammenschlugen. Der eine hat »Ach du Scheiße« gerufen und der andere: »Oh je, es wird eine Straußenfahrt.« Das fand ich so lustig, weil er »Storchenfahrt« meinte. Ich war total gelassen, es war fast wie ein künstliches Ruhig-Sein, so wie wenn man in einer Krisensituation besonders zur Ruhe neigt. Ich war eher mit meinem Freund ungeduldig, das gelingt mir dann immer ziemlich gut, meine Unruhe auf ihn zu projizieren. Als er anfing, seine Bücher zusammenzusuchen, nachts um zwei, weil er dachte, wenn es losgeht, muss er die entsprechende Lektüre haben – also nicht in Bezug auf das Kind, sondern es könnte dauern und dann könnte er ja noch Max Weber und ein bisschen Simmel lesen. Da ist mir dann der Geduldsfaden gerissen.

Momentan schlafe ich ganz viel, ich genieße es, dass ich diese Zeit habe, ohne ein schlechtes Gewissen zu haben. Ich kenne das eigentlich nicht, weil ich immer denke, ich könnte ja noch an einem Aufsatz etwas schreiben oder meinen Unterricht vorbereiten oder ich könnte noch etwas lesen und das muss ich jetzt alles gar nicht. Natürlich, ich könnte E-Mails beantworten, aber ich kann die auch kommentarlos an meine Vertretung weiterleiten, und das mache ich jetzt auch. Das ist ein total schönes Gefühl, dass ich denke, das ist eine Zeit, die auch so vorgesehen ist, die steht mir zu, da muss ich nichts machen.

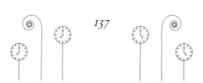

Das Kind zu sehen, kann ich mir überhaupt nicht vorstellen, das ist so unreal und ungreifbar, obwohl ich es dauernd spüre. Im Grunde sind wir ja schon in einen Austausch miteinander getreten, es reagiert auch auf Berührungen, das ist ganz lustig. Wenn mein Freund zum Beispiel den Bauch streichelt, fängt es total an zu strampeln, das passiert bei anderen nicht, selbst bei mir nicht.

Aber ich bin gar nicht so neugierig, ich freue mich natürlich, aber wenn ich ungeduldig bin und denke, jetzt will ich nicht mehr warten, dann eher wegen dieser Beschwerlichkeit und der Wassereinlagerungen. Wir wissen nicht, ob es ein Mädchen oder ein Junge wird. Wir hatten von Anfang an den Jungennamen, aber nach einem Grillabend mit Freunden haben wir auch einen Mädchennamen, Marta, und seitdem wir den Namen haben, ist die Vorstellung, dass es ein Mädchen werden könnte, konkreter geworden. Ich habe gemerkt, dass ich die ganze Zeit innerlich auf einen Jungen eingestellt war, und neulich, als mir der Gedanke kam, es könnte ja auch ein Mädchen sein, habe ich sofort gedacht: Ich hätte es mehr beschützen müssen. Ich war immer ganz robust und habe gedacht, das wird schon alles gut und dem Kind geht es da drinnen ja gut. Ich habe meine Folsäure genommen, aber ich habe nicht wie viele Mütter gedacht, jetzt nur noch im Bioladen einkaufen, jetzt nur noch das Allerbeste und jetzt geht es ja um das Kind.

Vor der Geburt selbst habe ich komischerweise keine Angst, obwohl ich sonst nicht so zum Heldentum neige. Wir haben einen Geburtsvorbereitungskurs gemacht, da wurde das Ganze mit einer Puppe und einem künstlichen Becken vorgeführt und dann kriegt man ja noch jede Menge Geburtsgeschichten erzählt, ob man sie nun hören will oder nicht. Ich will sie eigentlich nur bedingt hören.

Viele Freundinnen von mir haben sich sehr gut vorbereitet und wussten ganz genau, welche Geburtsphasen es gibt und dann haben sie noch irgendwelche Dampfbäder gemacht und Dammmassagen und so weiter. Das mache ich alles nicht. Ich denke, ich werde schon wissen, was zu tun ist, oder irgendjemand wird es mir sagen. Ich glaube, man ist nur enttäuscht, wenn man eine Idealvorstellung davon hat, wie die Geburt verlaufen soll, und nachher kommt es doch ganz anders.

Es ist wie die Erwartung einer Extremsituation, wie kurz vor einer großen, weiten Reise, vor der man Angst und permanent das Gefühl hat, noch irgendetwas Wichtiges vergessen zu haben und nicht richtig vorbereitet zu sein. Aber man weiß auch, spätestens wenn man im Flugzeug sitzt, gibt es kein Zurück mehr. Und was einen auf der anderen Seite erwartet, ahnt man nur ganz leise.

Im Wartesaal

Helmut Pammler, 49, wartet auf seine Freilassung

»Warum sollte ich so tun, als sei ich bei der Fremdenlegion gewesen«, meint Helmut Pammler, als ich ihn frage, ob ich seinen richtigen Namen aufschreiben darf. Nach einem langen Gespräch auf einer Bank, von der aus man auf ein Stück Grün sieht. »So einen Blick hatte ich lange nicht mehr«, sagt der schmale Mann, der seltsam alterslos wirkt. Die meisten Jahre seines Lebens hat er in Erziehungsheimen und Gefängnissen verbracht. Er ist immer wieder eingebrochen, beim letzten dieser Einbrüche hat er einen Wachmann getötet. »Dazu muss ich stehen«, sagt er. In den Heimen und schließlich in den Gefängnissen hat Helmut Pammler versucht, sich so unabhängig von der Außenwelt zu machen wie nur möglich. Nicht zu viele Gefühle zu zeigen, um sich nicht angreifbar zu machen. Das ist schwer zu glauben, wenn man ihn jetzt erlebt: Er ist freundlich und zugewandt.

Nach den langen Kontrollen am Eingang zur forensischen Klinik, in der er seit einigen Monaten in Therapie ist, kam ich eine halbe Stunde zu spät zu ihm. Er habe gedacht, ich käme nicht mehr, sagt Helmut Pammler. Er habe nicht gewusst, ob er erleichtert oder enttäuscht sein solle. Über das Warten hat er ein Gedicht geschrieben. Er hat im Gefängnis angefangen zu schreiben, Texte, die so gut sind, dass er dafür den Ingeborg-Drewitz-Preis für Literatur bekommen hat. Zur Preisverleihung hat er *keinen Freigang bekommen. Wieder eine jener Enttäuschungen, gegen die er sich zu wappnen versucht hat. Helmut Pammler hat viel über das Warten nachgedacht. Auf etwas zu warten, bedeutet Hoffnung für ihn – und Verletzlichkeit. Dass er, seitdem so etwas wie Freigang überhaupt möglich ist in seinem Leben, mit dem Warten tatsächlich begonnen hat, ist ungewohnt für ihn, und beunruhigend.*

Ich war schon immer ungeduldig. Also habe ich gelernt, zu warten. Seit ich denken kann, war ich in Heimen. Mein Leben hing schon früh von anderen ab. Und das heißt Warten. Aber ich will unabhängig sein. Deshalb zeige ich niemandem, dass ich warte. Innerlich tue ich es aber. Vielleicht ist das für die da draußen vergleichbar mit dem Warten beim Zahnarzt: Nur er hat die Macht, Sie hereinzuholen.

Wir sind zu dritt in einem Zimmer. Ich stehe gern früh auf, um fünf, weil es dann noch ruhig ist. Man darf aber erst ab sieben Uhr Fernsehen. Eine Stunde vergeht mit Frühstücken, dann lege ich mich aufs Sofa und döse. Ich denke darüber nach, was so passiert ist, nehme jeden Impuls auf, komme vom einen zum anderen, ordne, was ich heute machen will. Einmal habe ich am Fenster gesessen und beschlossen, zwei Stunden lang nur rauszusehen, um das Warten zu üben. Das mache ich jetzt regelmäßig. Es ist keine Meditation, ich lasse einfach meine Gedanken durch die Gegend schweifen.

Im Augenblick warte ich auf nichts. Wenn ich mir bewusst machen würde, dass ich warte, würde es mich

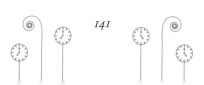

verrückt machen. Im Moment habe ich die Perspektive, dass es Lockerungen geben kann, dass ich auch mal hinter den Zaun komme. Die erste Stufe ist null, bei Stufe drei darf man aufs Gelände, Stufe vier ist Außenerprobung, da geht man mit Pflegern raus. Bei Stufe fünf geht man mit einem Mitpatienten raus, der sozusagen Aufpasser ist, und bei Stufe sechs darf man alleine raus. Ich bin bei Stufe vier. Es gab erst eine Konferenz, danach kommt das Chefarztgespräch. Und darauf warte ich jetzt. Es gibt drei Chefs, einer ist im Urlaub, einer ist viel unterwegs, einer gerade erst aus dem Urlaub zurück. Ich habe immer hohe Erwartungen, das hat viel mit dem Warten zu tun. Jetzt spüre ich, dass ich langsam ungeduldig werde. Es ist unrealistisch, dass der Chefarzt ein Veto einlegt, das tut er eigentlich nie. Aber es bleibt ein Rest Unsicherheit.

Ich habe einen neuen Behandlungsplan bekommen. Am meisten beschäftigt mich, wie es in Zukunft weitergeht. Ich kann mich benehmen, bin freundlich, engagiere mich. Trotzdem habe ich hier oft das Gefühl, noch an mir arbeiten zu müssen. Es gibt Probleme mit der Aggression. Vorhin war ich zum Beispiel in der Küche: Jedem hier steht ein halber Liter Kondensmilch pro Woche zu, ich verwalte das. Im Großen und Ganzen klappt das auch, aber jetzt war der Liter, den ich mittags hingestellt habe, leer, und ich frage mich, was ich da heute Abend machen werde. Manchmal bin ich genervt von den Diskussionen in der Gruppe, die ich unlogisch finde. Ich blaffe niemanden an, aber ich mache dann spitze Bemerkungen und wirke überheblich. Werde ich die Sachen, die ich früher gemacht habe, in Zukunft nicht mehr tun? Ich konnte bestimmte Dinge einfach nicht aushalten, bin aus Heimen abgehauen, wenn mir die Leute nicht gefielen, bin von einer Institution zur nächsten gewandert. Heim oder Gefängnis, der Unterschied war nur der Grad der Unfreiheit. Ich war in vier Jahren in ungefähr zwanzig Heimen und mit vierzehn zum ersten Mal im Gefängnis.

Wenn ich die Behandlungen hier abbreche, komme ich zurück ins Gefängnis. Das ist eine üble Aussicht. Wie lange ich noch in Haft bin? Es gibt keine konkrete Angabe, theoretisch bis 2020. Die Sicherungsverwahrung wird jedes Jahr überprüft, und ich kann realistisch genug einschätzen, dass der Zeitpunkt, mich zu entlassen, noch nicht gekommen ist. Im Gefängnis habe ich gewusst: Hier komme ich nicht raus. Da habe ich auf nichts gewartet. Ich habe einfach versucht, das Warten abzustellen – dann kann man auch nicht enttäuscht werden. Viele dieser Jahre konnte ich gut wegstecken, ich habe nur für den Moment gelebt. Für meine Tat habe ich siebzehn Jahre bekommen, ich war vierzehneinhalb Jahre im Gefängnis, anschließend drei Jahre in Sicherungsverwahrung, davon die meiste Zeit in der Forensischen Klinik. Jetzt habe ich diese Therapiegruppe gemacht, an den Problemen gearbeitet, da entsteht natürlich Hoffnung. Wenn die Behandlung anschlägt, kann ich wieder für ein Jahr bleiben.

Aber es gab eine Zeit, da habe ich quasi auf die Festnahme gewartet. Ich war auf der Flucht. Es war eine bewusste Entscheidung, weil mir die Sozialtherapie, die ich damals gemacht habe, zu viel wurde. Ich hatte das Gefühl, dass ich mit meinem Leben nicht vorankam. Erst bin ich zu meinen Eltern gegangen, dann zu einem Schausteller, bei dem ich gearbeitet habe. Ich habe meinen Bruder getroffen und Leute, die mir sagten: »Guck, dass du draußen bleibst, stell' dich und dann kommst du wirklich raus.« Dieses Wohlwollen kannte ich gar nicht. Aber der Schausteller konnte mich im Winter nicht beschäftigen, und ich musste von etwas leben, also habe ich Einbrüche gemacht und wusste: Irgendwann nehmen sie mich wieder fest.

Vielleicht gibt es ein kleines und ein großes Warten. Beim kleinen wartet man auf so etwas wie Essen, beim großen auf die Liebe, Kinder, die Entlassung. Wenn ich es so betrachte, habe ich auf nichts gewartet. Es war nicht so, dass ich gesagt hätte: Klasse, ich werde entlassen. Deshalb bin ich auch schnell wieder rückfällig geworden.

In der Arrestzelle zählt nur das Warten. Sie ist wie eine Gummizelle und wird gern als Machtinstrument benutzt, um Gefangene zu beruhigen. Es ist eine Form der Bestrafung. Ich wollte nicht gebrochen werden, also habe ich es mit Disziplin geschafft. Es hat mich gewurmt, dass mir so langweilig war, deshalb habe ich in einen Ruhemodus umgeschaltet, habe etwas am Fenster beobachtet oder versucht, innerlich Aufgaben zu bewältigen. Ich erinnere mich an ein Heim, da war ich zwölf oder dreizehn, in dem sie mich auch in eine Arrestzelle gesteckt haben. Vor dem Fenster waren Milchglasbausteine, und als sie sogar die Matratze herausholten, habe ich angefangen, die einzelnen Teile zu zählen.

Langsam kommt das Warten zurück in mein Leben, ich spüre das. So, als käme Luft in einen Luftballon. Ich habe Angst, dass ich verletzt bin, wenn sich diese Erwartungen nicht erfüllen, oder dass andere glauben, ich sei es. Es wird immer realistischer, dass ich hier eine Perspektive habe. Ursprünglich sollte ich hier nur antherapiert werden und dann zurück ins Gefängnis kommen. Ich wollte mich auf die Gefängnisregeln konditionieren, um keinen Preis angreifbar sein, und parallel soll ich mich jetzt hier vermenschlichen, Gefühle zeigen und mich selbst annehmen, so wie ich bin. Was mir ganz gut gelingt.

Dadurch, dass ich so lange schon drin bin, ist das Draußen abstrakt geworden. In der Therapie habe ich verstanden, dass ich, wenn ich zu weit nach vorne gucke, zu viel erwarte. Ich soll nur auf die Stufe vier gucken, da, wo ich jetzt bin und schauen, was das bedeutet. Ich kam mir lange wie ein Stück Treibholz vor, das jetzt allmählich einen Motor bekommt. Aber noch schippere ich einfach so rum, bis ich mich wieder wohl fühle bei den Menschen.

Ich warte jetzt seit zwei Wochen auf dieses Chefgespräch, normalerweise wartet man nur eine Woche. Dann frage ich mich: Vielleicht hat das doch was mit mir zu tun? Einerseits bin ich ein bisschen nervös, andererseits sehe ich es als Herausforderung. Bislang habe ich es vermieden, über die Möglichkeit des Ausgangs nachzudenken, aber meine Therapeutin hat mir das als Aufgabe mitgegeben. Ich habe geschrieben, dass ich die Frage nicht beantworten könne, weil sie so abstrakt ist, aber langsam nimmt sie Formen an. Mein Kollege war neulich im Tierpark, da habe ich sofort eine plastische Vorstellung gehabt. Ich habe eine unheimliche Sehnsucht nach Tieren, ich würde gern wieder eine Katze streicheln oder einen Hund riechen. Viele gehen zu McDonalds, aber dieses Fressbedürfnis habe ich abgelegt. Ich habe überhaupt Bedürfnisse nach materiellen Dingen abgelegt, das ist mir gefährlich gut gelungen. Was meine scheinbaren Gegner nicht wissen, ist, dass ich mir aber die Sehnsucht nach den nicht-kommerziellen Dingen bewahrt habe, nach Freundschaft und Zuwendung – sonst wäre ich schon total kaputt.

Einen Auszug aus Helmut Pammlers Gedicht »Nichts zu tun« drucken wir auf der folgenden Seite ab.

Nichts zu tun

Ich wurde zu einem halben Jahr Gefängnis verurteilt.
In der Zweimann-Zelle lag ein Leidensgenosse.
Wir verstanden uns schnelle, auch er langweilte sich.
Nach einem Monat wurde er entlassen,
und ich bekam einen neuen Kollegen.
Auch er kannte die Langeweile.
Er erzählte mir aber, dass er etwas dagegen
gefunden hatte.
Er hatte vor langer Zeit das Warten entdeckt.
Warten kann man leicht lernen, es überall tun,
man braucht nichts dazu und es kostet nichts.
Es gibt immer etwas, worauf man warten kann.
Ich hing voller Begeisterung an seinen Lippen
und wurde selbst aktiv: Ich wartete auf das Wecken,
das Frühstück, auf die Arbeit, auf die Freizeit,
auf den Arzt, auf den Einkauf.
Es nimmt kein Ende.
Ich beneide Lebenslängliche.
(…)

Auf eine Adoption im Inland warten Paare
durchschnittlich ein bis zwei Jahre. Je nach Herkunfts-
land und Einzelfall sind es bei einer Adoption
aus dem Ausland fünf Monate bis vier Jahre.

Wir telefonieren in unserem Leben insgesamt
1,45 Jahre, das sind im Durchschnitt 28 Minuten
täglich. Davon hängen wir 140 Tage
(45 Stunden jährlich) in Warteschleifen.

Wir stehen durchschnittlich 219 Tage unseres Lebens
im Stau – pro Jahr sind das 70 Stunden.

Wenn das Warten krank macht

Immer wieder stellt sich die Frage, warum das Warten bei uns einen so schlechten Ruf hat. Einer der Gründe ist, dass wir diesen Zustand mit Hilflosigkeit und Passivität verbinden. Und tatsächlich gibt es ein Warten, das im buchstäblichen Sinn krank machen kann: eines, das der Wartende nicht beeinflussen kann. Eine Studie des Jesuiten-Flüchtlingsdienstes aus dem Jahr 2010 zeigt, dass die meisten der Menschen, die im Gefängnis auf ihre Abschiebung warten, physisch und psychisch davon gezeichnet waren. Drei Viertel der befragten Häftlinge gaben an, dass sie körperliche Beeinträchtigungen davongetragen hatten, und noch mehr, nämlich neunzig Prozent, klagten über seelische Beschwerden: Wut- und Stressgefühle, Verwirrung, Traurigkeit und Selbstmordgedanken. Das entspricht dem, was die US-Forscherinnen Judith Rodin und Ellen Langer in den siebziger Jahren bei einer Studie in einem Altersheim feststellten. Sie gaben einer Gruppe von Bewohnern unter anderem die Möglichkeit, den Zeitpunkt und den Ort von Besuchen zu bestimmen – eine Kontrollgruppe dagegen wartete im Unbestimmten. Es zeigte sich, dass die Bewohner, die selbstbestimmt warteten – aber auch die Möglichkeit hatten, sich eigenständig um eine Pflanze zu kümmern –, nicht nur fröhlicher, sondern sogar gesünder waren: Die Zahl der Todesfälle unter ihnen war halb so groß wie in der passiven Kontrollgruppe.

Erlernte Hilflosigkeit, so der Fachbegriff in der Psychologie, und das ist es, was das von außen erzwungene und passiv erduldete Warten ausmacht, kann zu Depressionen führen. Es sind die Machtlosen und Außenseiter in unserer Gesellschaft, die so warten müssen: die Alten, Kranken, die Flüchtlinge und Gefangenen. Kritische Stimmen sagen, dass das kein zufälliger Betriebsunfall ist. Wer als Patient ins Krankenhaus oder als alter Mensch ins Altenheim kommt, soll sich reibungslos in die Abläufe einfügen – und nicht etwa aktiv Forderungen stellen, die das gewohnte Procedere stören. Warten zu lassen – das kann auch hier als Disziplinierungsmittel genutzt werden. Es sagt viel über eine Gesellschaft aus, wen sie warten lässt.

Im Wartesaal

Basim Ahmadi* wartet auf die Bewilligung seines Asylantrags

Es ist ein stiller, freundlicher Mann, der zum Gespräch kommt, auf die Minute pünktlich, obwohl das Haus schwierig zu finden ist. Er hat sehr wenig Geld zur Verfügung, aber Fahrgeld möchte Basim Ahmadi nicht annehmen. Seine Geschichte erzählt er in der Hoffnung, dass andere daraus lernen und nicht wie er Jahre seines Lebens über die Bewilligung ihres Asylantrags verlieren. »Meine besten Jahre«, sagt er. Es gibt so gut wie kein Licht für ihn in diesem Dunkel vertaner Jahre. Nur als er von seiner Zeit im Wiener Gefängnis erzählt, belebt sich Basim Ahmadi, als er sich daran erinnert, wie er für die anderen Häftlinge kochte, obwohl er gar keine Erfahrung als Koch hatte. Auch das Arbeiten in Deutschland hat Basim Ahmadi in guter Erinnerung: etwas Geld dazu zu verdienen, etwas zu tun, statt nur tatenlos zu warten. Aber das ist Vergangenheit: Basim Ahmadi hat keine Arbeitserlaubnis mehr. Seine Freundin hat ihn verlassen, weil sie das Warten nicht länger ertragen hat. Das Warten, sagt er, habe ihn krank werden lassen. Es habe sein Leben zerstört.

Ich bin einen Fuß hoch und einen runter – das ist eine Redensart auf Persisch. Das ist das Warten. Ich habe Leute gesehen, die haben drei Monate, nachdem sie nach Deutschland gekommen sind, ihre Papiere gekriegt. Ich weiß nicht, warum bei mir so ein Scheiß passiert ist. Meine Jugend ist kaputt, durch dieses Warten auf die Aufenthaltserlaubnis. Die beste Zeit meines Lebens dahin. Sie vergeht einerseits schnell: Man wird alt über dem Warten, ohne dass man etwas erreicht. Und andererseits, so wie die Behörden arbeiten, muss ich lange auf Antwort warten, zwei, vier, fünf Jahre, da vergeht die Zeit sehr langsam.

Im Iran habe ich einen Laden für Spielzeug, ausländische Luxussachen, gehabt. Eines Tages bin ich mit zwei Leuten in die Türkei gefahren und habe von dort CDs und Fotos von Musikern in den Iran geschmuggelt. Man hat mich festgenommen, dann habe ich eine Strafe von ungefähr 3000 bis 4000 Euro zahlen müssen. Deshalb hatte ich Schulden und die Mullahs haben meine Ware verbrannt.

Ich bin mit Schleppern hierher gekommen, es hat ein Jahr gedauert. Dann war ich im Zug, in München, und die Polizei hat mich kontrolliert. »Pass«, haben sie gesagt, ich hatte keinen und habe die Fahrkarte von Wien gezeigt. Da haben sie mich festgenommen.

Wegen der Fahrkarte haben sie mich nach Österreich geschickt, da war ich vier, fünf Monate im Gefängnis in Einzelhaft. Die Polizei hat mich gefragt: »Kochst du?« Da habe ich gesagt: »Gut, mache ich.« Dann war ich ihr Koch. Meine Zellentür stand offen, ich durfte gehen, wohin ich wollte und habe ein bisschen Deutsch gelernt. Nachher haben die Polizisten zu mir gesagt: »Wir wissen, deine Familie ist in Deutschland – wir setzen ein Schreiben für dich auf, dann bleibst du nicht im Gefängnis.«

Ende 1999 bin ich nach Deutschland gekommen. Aber ich habe nicht gewusst, wie das hier läuft. Und mein Vater auch nicht. Er lebt schon seit über zehn Jahren hier, er hat einen Laden gehabt, eine Schneiderei. Aber er hatte keine Ahnung von Asyl.

Also habe ich einen persischen Anwalt gesucht, von dem die Leute gesagt haben: Der ist gut. Acht, neun Jahre lang habe ich diesen Anwalt bezahlt, ich habe ihm 2000, 3000 Euro gegeben. Er hat nichts getan, einmal hat er bei meiner Verhandlung vor Gericht geschlafen. Weil mein Asylantrag immer abgelehnt wurde, hat der Staat meine Leistungen von 200 auf 168 Euro gekürzt. Ich habe schließlich Post von der Behörde bekommen, da hieß es: Deine Akte ist zu. Der Anwalt hatte vergessen, Einspruch zu erheben. Er sagte: »Ich mache einen neuen Antrag, eine neue Akte auf.« Ich habe nicht gewusst, dass dann das alte Visum und die Arbeitserlaubnis weg sind. Davor durfte ich zwei Stunden pro Tag arbeiten. Erst war ich Küchenhilfe, dann Koch, und dann habe ich als Fahrer bei einem Lieferservice gearbeitet. Die Arbeit hat mir Freude gemacht. So habe ich es geschafft, meinen Führerschein zu machen. Und plötzlich war alles weg. Zurück auf null.

Dann habe ich mir einen deutschen Anwalt gesucht. Der meinte: »Wenn du mir 5000 Euro gibst, kriegst du in sechs Monaten oder höchstens einem Jahr deine Papiere.« Ich habe 300 Euro bar bezahlt und gesagt: »Ist gut, ich versuche das.« Aber dann kam meine Leistungskürzung, und ich konnte diesen Anwalt nicht bezahlen. Ich war mit den Nerven total am Ende. Ich habe alles

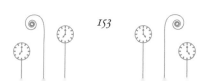

hingeworfen, egal, ob sie mich zurückschickten oder ins Gefängnis. Ich bin dann zum Arzt gegangen, wegen Depressionen und Angst. Es ist eine Angst vor dem Leben. Jetzt bekomme ich Medikamente und gehe alle zwei Wochen zur Therapie. Die Therapeutin sagt: »Wir müssen erstmal deine praktischen Probleme regeln, durch diesen Visumsmist geht gar nichts.« Sie hat mir sehr geholfen.

Ich muss warten, warten und Medikamente nehmen. Ich habe keine andere Wahl. Was soll ich machen, zurück kann ich nicht. Ich bin jetzt schon vierzehn Jahre in diesem Holzheim, dieses Heim, wissen Sie, das mit Holz verkleidet ist. Ich hab so lange versucht, eine Wohnung zu bekommen. Nach so vielen Jahren habe ich doch ein Recht auf eine Wohnung? Aber nein, so lange Sie keinen Aufenthalt bekommen, kriegen Sie keine.

Bei meinem Vater kann ich nicht leben, das ist ein alter Mann. Wenn ich einen Tag da bin, gibt es am zweiten Ärger. Deswegen übernachte ich jetzt bei Bekannten, eine Woche hier, eine Woche da. Manchmal gehe ich dann drei, vier Tage nicht aus dem Haus. Ich will keine Leute treffen, die dann fragen, wie es mit meinem Antrag läuft.

2011 hat Herr Kaufmann von *fluchtpunkt,* das ist eine Hilfsorganisation für Flüchtlinge, einen Wiederaufgreifensantrag für mich gestellt. 2013 wurde der abgelehnt. Ich weiß nicht, was die Leute in der Behörde tun, ich musste zwei Jahre auf eine Entscheidung warten. Und nach zwei Jahren sagte man mir, dass noch etwas gefehlt habe. Warum haben sie das nicht vorher gesagt? Herr

Kaufmann hatte oft an das zuständige Bundesamt geschrieben, er hat immer gesagt: »Warten wir bis zum nächsten Monat, denn es wurden noch neue Atteste vorgelegt, die sich die Behörde ansehen musste.« Er sagte mir auch, dass man nach einer Ablehnung Klage erheben müsse und das Gericht häufig nicht vor Ablauf eines Jahres einen Termin zur mündlichen Verhandlung macht. Also hieß es wieder abwarten, abwarten. Es ist immer wieder dieses Abwarten.

Ich bin über das Warten krank geworden. Man denkt da viel nach. Andere, die mit mir gekommen sind, haben inzwischen einen Laden aufgemacht, eine Firma aufgebaut, sie haben ein Haus, Kinder. Und was habe ich? Nichts, gar nichts! Und warum? Das weiß ich selbst nicht. Nur weil ich kein Geld gehabt habe? Und keine Menschen an meiner Seite, die mir sagen, was man tun muss.

Wenn du arm bist, hast du hier einfach keine Chance. Es sei denn, du bist ein Hans-im-Glück. Manchmal telefoniere ich mit Bekannten im Iran. Dann sage ich: »Es geht mir gut.« Da muss ich lügen. Aber sie sind weit weg. Ich war ein fröhlicher Mensch im Iran. In Deutschland habe ich schon lange nicht mehr gelacht.

Jetzt gibt es einen Prozess gegen das Bundesamt. Die Therapeutin sagt: »Du musst aktiv sein.« Man muss kämpfen. Ich habe keine Wahl. Zumindest die Kürzung der Sozialhilfe wurde mit Hilfe von *fluchtpunkt* aufgehoben. Aber was helfen am Ende die Papiere, wenn ich darüber alt werde? Ich weiß nicht, wie viele Leute es in Deutschland gibt wie mich. Viele?

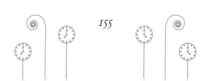

»Ich bin nichts als ein Horchender und Wartender,
als solcher allerdings vollendet, denn
ich habe es gelernt, zu träumen, während ich warte.«
Robert Walser

»Viele, die ihrer Zeit vorausgeeilt waren, mussten
auf sie in sehr unbequemen Unterkünften warten.«
Stanisław Jerzy Lec

»Kein Problem wird gelöst, wenn wir träge
darauf warten, dass Gott sich darum kümmert.«
Martin Luther King

Warten als himmlische Hoffnung

Weder die Trauerzeit der Witwen noch das Anstehen in einer Schlange von siebenhundert Menschen vor einem Brotgeschäft sind frei gewählt. Sie waren das, wozu das Leben sie in bestimmten Gesellschaften zwang, ob sie wollten oder nicht. In der Religion ist das anders, hier warten die Menschen freiwillig: auf die Ankunft eines Erlösers, auf eine Gerechtigkeit, die sie auf Erden nicht erfahren, auf ein Leben ohne Mühe und Qual. Sie warten, weil ihnen am Ende eine Belohnung verheißen ist, die nicht materiell und gerade deshalb kostbarer ist als alles, was an irdischen Belohnungen zu haben ist: Erlösung, Erleuchtung oder das Leben im Paradies.

Was es bedeutet, auf den Messias zu warten, und warum man dafür angefeindet wird

Dieses Warten auf eine himmlische Hoffnung, auf das Ende der irdischen Zeit – das scheint uns heute sehr fern. Vielleicht denkt man an die Esoteriker, die sich im Dezember 2012 in das südfranzösische Zweihundert-Seelen-Dorf Bugarach aufmachten, weil es hieß, dass man dort dem im Maya-Kalender prophezeiten Ende der Welt entgehen könne: Eben dort nämlich werde ein

Ufo landen und einige Auserwählte retten. Tatsächlich sperrte man den Ort weiträumig ab, um dem erwarteten Ansturm standzuhalten, doch der Weltuntergang blieb aus, und das Dorf versank wieder in seinen Dornröschenschlaf. Es gibt andere, gewalttätigere Beispiele für Endzeiterwartungen in unserer Zeit: Die Morde und Selbstmorde bei den Sonnentemplern, einer Sekte, deren Anführer in den neunziger Jahren verkündeten, man könne durch Wiedergeburt im Sternsystem des Sirius der Zerstörung der Welt entgehen. Oder der Tod von Dutzenden Mitgliedern einer Endzeitsekte im texanischen Waco, die in dem Feuer starben, das ausbrach, als das FBI 1993 ihre Ranch-Siedlung stürmte.

Heute sind es Sekten, die glauben, dass die Apokalypse nah ist. Bis zur Aufklärung war das unter Christen eine weitverbreitete Vorstellung – und auch Hoffnung. Sie glaubten, dass damit die Wiederkehr Christi kurz bevorstünde, sie versuchten, die Endzeit zu berechnen, und Bewegungen wie die der Montanisten sind ausgezogen, um in strenger Askese den Anbruch des tausendjährigen Reichs zu erwarten.

Die Hoffnung auf einen Erlöser ist nicht auf das Christentum beschränkt. Sie ist zwar prägend für Juden und Christen, aber auch die Schiiten erwarten mit dem Mahdi einen von Gott Gesandten, der am Ende der Zeit Gerechtigkeit bringen wird. In einer Richtung des Hinduismus soll mit Kalki, der als Pferd oder Reiter dargestellt wird, eine letzte Inkarnation des Gottes Vishnu erscheinen und Gesetz und Tugend wiederherstellen. Bei den Buddhisten wurde immer wieder auf den zukünftigen Buddha Maitreya gewartet, vor allem von der Weißen Lotus-Sekte, der überwiegend arme Bauern und Tagelöhner angehörten. Die verließen sich aber nicht auf diese Hoffnung allein, sondern weigerten sich bereits im Hier und Jetzt des Japans des 12. Jahrhunderts, Frondienste zu leisten und Steuern zu zahlen.

Es liegt nahe, dass man den erwarteten Umschwung immer wieder greifbar machen wollte. Sowohl im Christen- als auch im Judentum haben Gläubige Berechnungen über das Ende der Zeit angestellt. So will Rabbi Jehuda zwischen dem 3. und 4. Jahrhundert von einem Propheten erfahren haben, dass das Weltall aus 85 Jubiläen zu je 50 Jahren bestehe, im letzten Jubiläum werde der Messias erscheinen. Diese Berechnungen stießen jedoch immer wieder auf Kritik: Man verunglimpfte die Vorkämpfer der messianischen Bewegung als »Bedränger des Endes«, die nicht gelassen abwarten könnten.

In Krisenzeiten wurde diese Hoffnung dringlicher und die Bereitschaft, selbst ernannten Messiasfiguren zu folgen, wuchs. Je größer das Elend der Gegenwart war, je weniger man in dieser Welt zu verlieren hatte, desto freudiger sah man am unteren Ende der Gesellschaft einem Weltende entgegen, das eine ganz neue Gerechtigkeit bringen würde. Nach Erschütterungen wie dem Ausbruch der Pest, der großen Kirchenspaltung oder beunruhigenden Himmelserscheinungen tauchten Botschafter von Endzeitvisionen auf. Sie gaben den Menschen Hoffnung auf künftige Gerechtigkeit und Seligkeit – und stabilisierten zugleich die Gegenwart, im Guten wie im Schlechten. Denn wenn die Apokalyptiker nicht zum Umsturz aufriefen – und das blieb die Ausnahme – dann warteten ihre Anhänger sozusagen im stillen Kämmerlein auf den Beginn eines anderen Lebens.

Eine Messiasfigur, an der man die Unbeirrbarkeit solcher Hoffnungen ablesen kann, ist Sabbatai Zwi, der im 17. Jahrhundert im kleinasiatischen Smyrna lebte. Seine Anhänger fanden sich unter Juden in ganz Europa, von Italien über Böhmen und Mähren bis nach Deutschland, von Polen bis nach Litauen. Viele Zeitgenossen nahmen damals an, dass der Messias im Jahr 1648 kommen würde, und Sabbatai Zwi erklärte sich in eben diesem Jahr zum Gottgesandten. Weder ihn noch seine Anhänger scheint es nachhaltig irritiert zu haben, dass 1648 ohne größere Ereignisse zu Ende ging. Im Gegenteil, Sabbatai vertrat seinen Anspruch, der Messias zu sein, nun auch gegenüber größeren Gruppen. In der Erwartung des Zeitenendes vernachlässigten viele, die an ihn glaubten, ihr irdisch-praktisches Leben, einige bereiteten sich auf die Rückkehr nach Jerusalem vor. Der Religionskritiker Gershom Scholem beschreibt die Stimmung der Sabbatianer durchaus nicht als gedrückt, im Gegenteil, er schreibt vom »Ausbruch der überschwenglichsten Freude – glaubte man doch nun den sinnfälligen Beweis vor Augen zu haben, daß all das Leiden von 1600 Jahren nicht umsonst gewesen sei«.[8] Da im Rahmen der erwarteten Zeitenwende vorausgesagt war, dass der Sultan abgesetzt werden würde, machte sich Sabbatai 1666 zu dessen Sitz nach Konstantinopel auf, wurde unmittelbar festgenommen und ins

Gefängnis gebracht. Doch seine Anhänger ließen sich davon nicht verunsichern. Was man als Diskreditierung Sabbatais als Messias hätte sehen können, deuteten sie als weiteren Beleg für seine Auserwähltheit. Sie sammelten sich zu Tausenden vor seinem Gefängnis. Denn dass er noch lebte, zeige, dass er zu Recht als Gottgesandter auftrete.

Eine zeitgenössische Jüdin, Gluckel von Hameln, schreibt in ihren Erinnerungen: »Viele verkauften ihre Häuser und Land und all ihren Besitz, weil sie jeden Tag hofften, erlöst zu werden. Mein guter Schwiegervater verließ sein Haus in Hameln, verließ Haus und Ländereien und all seine Möbel und zog nach Hildesheim. Er schickte uns nach Hamburg zwei enorme Behälter mit Erbsen, Bohnen, getrocknetem Fleisch, zerschnitzelten Backpflaumen und anderem dergleichen, alle Art Essen, das haltbar war. Denn der alte Mann erwartete jeden Moment von Hamburg ins Heilige Land zu segeln.«⁹ Aber dem umsichtigen Sultan in Konstantinopel, der aus Sabbatai keinen Märtyrer machen wollte, gelang es, ihn zur Konversion zu bewegen. Selbst das hielt einen Teil seiner Gefolgschaft nicht davon ab, ihm weiter anzuhängen, sogar neue Anhänger anzuwerben, dennoch brach die Bewegung in Europa bald zusammen.

Die Sabbatianer sind von nachfolgenden Generationen als Inbegriff des Lasters und der Verirrung gebrandmarkt worden, ihre Schriften hat man vernichtet. Doch Gershom Scholem sieht das Rührende, das wahrhaftig Suchende derer, die selbst in der Konversion ihres Messias noch ein Zeichen seiner Erwähltheit finden woll-

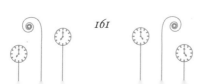

ten. »Wie tief muß also die Seele der neuen Gläubigen aufgewühlt gewesen sein«, schreibt Scholem, »welche Revolution muß sie durchgemacht haben, damit die die Zumutung dieses Paradoxes nicht als unerträglich von sich wies!« (siehe Scholem S. 338).

Der US-amerikanische Psychologe Leon Festinger hat über die Folgen unerfüllter Prophezeiungen geforscht. Und das ganz praktisch: Er hat sich mit Kollegen in den fünfziger Jahren in eine kleine Sekte in Chicago eingeschmuggelt, deren Gründerin, eine Hausfrau, angekündigt hatte, dass die Welt am 21.12.1954 von einer großen Flut überspült würde und nur wenige Auserwählte von einem Raumschiff gerettet werden würden. In Erwartung dieser Ereignisse geben einige Mitglieder ihre Stellen auf, verlassen ihre Ehepartner und trennen sich von ihren Besitztümern. Was aber geschieht, als an diesem Tag weder die Flut noch das Raumschiff eintreffen? Die Gruppe erkennt, ermutigt durch eine spiritistische Botschaft, dass ihr Ausharren den Weltuntergang abgewendet hat. Und sucht, ganz anders als zu ihren Anfangszeiten, den Kontakt zu den Medien, um ihre Botschaft öffentlich zu machen.

Für den Psychologen Festinger ergibt sich diese Reaktion aus einem Schema, dem schon die Anhänger Sabbatai Zwis gefolgt sind: Das Nichteintreten des Angekündigten führt paradoxerweise nicht zum Abfall von der Erwartung, sondern zu tieferer Überzeugung und verstärktem Anwerben von Anhängern. Und das geschieht, erklärt Festinger so einfach wie überzeugend, umso stärker, je mehr die Gefolgschaft in ihren Glauben investiert hat. Wer in der Erwartung, dass das Weltende nahe ist, mit dem irdischen Leben abgeschlossen hat, wird, wenn es irgendwie begründbar ist, den begonnenen Weg weitergehen. Und dabei möglichst mehr Menschen von der Richtigkeit der eigenen Vorstellungen überzeugen, denn je mehr Gleichgesinnte um einen sind, desto leichter ist es, am Glauben festzuhalten.

Das Warten auf eine Messiasfigur kann ein widerständiger Zustand sein, zugleich aber auch ein anfälliger und verletzlicher. Gershom Scholem schreibt, dass das Judentum für den Glauben an einen Messias mit der »Schwäche des Vorläufigen«[10] bezahle. Er sah nach dem Holocaust eine neue »aus Grauen und Untergang geborene Bereitschaft, sich dem Konkreten zu verschreiben«, dabei aber auch Obertöne des Messianismus – und fragte sich, wie es gelingen werde, die Spannung zwischen beidem auszuhalten. Wie lebt es sich in der Hoffnung, im Warten zwischen Gegenwart und Zukunft? Es ist etwas »Großes, aber auch zutiefst Unwirkliches«, schreibt Scholem. »Es entwertet das Eigengewicht der Person, die sich nie erfüllen kann.«[11]

Im Christentum streiten die Theologen bis heute darüber, wie die Parusie, also die Wiederkehr Christi, zu verstehen sei. Historischer Konsens ist, dass die frühen Christen mit einer baldigen zweiten Ankunft Christi rechneten.

Doch die Gewissheit, die Wiederkehr Christi noch zu erleben, schwand allmählich. Das Christentum hat über die Jahrhunderte eine komplizierte Lösung entwickelt, die das Gottesreich zugleich in Gegenwart und

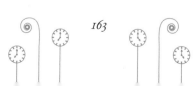

ungewisser Zukunft ansiedelt: Mit der österlichen Auferstehung hat das Reich Gottes zwar bereits begonnen, wird mit der Wiederkehr des Messias aber erst tatsächlich verwirklicht.

Warten, das ist in der Religion das große Warten auf das Paradies, das Leben bei Gott – es ist aber auch das kleine Warten im religiösen Alltag. Das Jahr des Gläubigen teilt sich in einen Zyklus von Festen und Lebensabschnitten, und zwischen jedem liegt eine Wartezeit. Die Christen warten im Advent auf die Weihnachtszeit, die Muslime im Ramadan auf das Fastenbrechen, und es kommt nicht von ungefähr, dass beide Religionen vor diese großen Feste eine Zeit der Erwartung gelegt haben. Heute, wo die Lebkuchen bereits im Oktober verkauft werden, ist es in Vergessenheit geraten – aber ursprünglich war auch der Advent eine Fastenzeit. Wir haben uns den Glanz dieser Vorbereitungszeit selbst genommen, indem wir verlernt haben, ihren Beginn abzuwarten. So wie man es für eine ambivalente Botschaft halten kann, dass in einigen evangelischen Kirchen noch nicht konfirmierte Kinder und Jugendliche am Abendmahl teilnehmen dürfen. Der Gedanke dabei ist, dass niemand ausgeschlossen werden soll. Tatsächlich wird damit ein altes Übergangsritual außer Kraft gesetzt: dass man erst die Konfirmation als Initiation abwarten muss, um aktiv teilnehmen zu dürfen. Warten zu müssen, so scheint es, das will man niemandem mehr zumuten.

In vielen evangelikalen Familien sowohl in den USA als auch in Europa wird erwartet, dass die Töchter bis zur Ehe warten, bevor sie Sex haben. Eines von acht

Mädchen in den USA legt heutzutage ein Keuschheitsgelübde ab. Die Schweizer Dokumentarfilmerin Mirjam von Arx hat in ihrem Film *Virgin Tales* 2012 die Familie Wilson porträtiert, die die »Purity Balls« erfunden hat, Bälle, auf denen kleine Mädchen in aufwendigen Ballkleidern gemeinsam mit ihren Vätern das Gelübde ablegen, alles zu tun, damit die Tochter keusch in die Ehe geht. Es ist ein interessantes, weil ambivalentes Bild, das dieser Film von den Wilson-Töchtern und ihren Eltern zeichnet: nicht um Verzicht gehe es bei dem Warten, so sagen Vater, Mutter und Töchter übereinstimmend, sondern um Gewinn. Erst mit dem geliebten Ehemann, für den man sich aufgespart hat, wird die junge Frau erfüllten, großartigen Sex haben. Warten als Freiheit, zu der sie sich entschieden haben, so erklären die Wilson-Töchter ihr Gelübde. Warten als Teil eines patriarchalen Disziplinierungssystems, so sehen es die Kritiker – und Kritikerinnen, denen es davor graut, dass die evangelikale Bewegung auch in Europa an Zulauf gewinnt.

Das Warten im religiösen Leben schillert zwischen revolutionär und restaurativ. Sicher ist nur eines: Die Religionen wussten schon immer um das Warten als intensivierenden Faktor, als Geschmacks-, Farb- und Tonverstärker, lange bevor die Werbestrategen aus ihren Löchern gekrochen sind.

»Warten ist noch eine Beschäftigung.
Auf nichts warten – das ist schrecklich.«
Cesare Pavese

»Alles Warten ist Warten auf den Tod.«
Franz Werfel

Vom Warten auf den Tod

Kann man auf das Ende warten? Widerspricht es nicht allem, was wir gewohnt sind: Dass wir am Leben hängen, so lange es geht? In der Bibel stirbt Abraham betagt und lebenssatt – man mag sich vorstellen, dass er dem Tod gelassen entgegengesehen hat. Ihn erwartend, als etwas, das bald kommen wird, ihn nicht ersehnend, aber auch nicht fürchtend. Es ist ein beruhigendes Bild. Tatsächlich ist die Zeit kurz vor dem Tod so unterschiedlich wie das Leben, das die Menschen zuvor geführt haben. Die meisten wünschen sich, zu Hause Abschied zu nehmen. In Deutschland sterben nach Schätzungen über vierzig Prozent im Krankenhaus. Eine Minderheit bereitet sich im Hospiz auf das Sterben vor – und das macht diesen Ort so faszinierend, aber für Außenstehende auch beängstigend.

Die Leiterin eines Hamburger Hospizes sagte mir: »Es ist bei uns wie an Ostern nach der Kreuzigung, ein Warten auf ein großes Ereignis hin.« Aber zugleich betonte sie, dass die Menschen am Ende ihres Lebens nicht notwendigerweise auf den Tod warten. Nicht jeder macht sich bewusst, dass das Sterben und der Tod nah sind. Einige warten trotz der Medikamente auf den nächsten Schmerz. Andere wollen angesichts des erwartbaren Todes alles auskosten, was ihnen an Leben noch bleibt. Sie warten auf Besuch, auf ein gutes Essen, auf den nächsten Gang nach draußen. Was ist kostbar, wenn man den Tod erwartet? Der 86-Jährige, den ich in einem anderen Hospiz traf, wollte noch einmal zu Hause übernachten, im eigenen Bett, und die selbst gekochten Rouladen seiner Frau essen.

Eine Freundin, die Krebspatienten betreut, sagte mir, dass viele von ihnen am Ende des Lebens bereuen, Dinge aufgeschoben zu haben. Zu lange mit der erträumten Reise gewartet zu haben, dem Besuch bei einer fernen Freundin, dem Flug mit einem Segelflugzeug. Es ist eine Form des Wartens, die viele dann als falsche Gewichtung empfinden – und eine schlichte Wahrheit, dass die meisten eher bereuen, etwas nicht getan zu haben, als sich zu etwas Unsinnigem verleiten haben zu lassen.

In einer Bach-Kantate heißt es: »Komm' süßer Tod«, und die Sehnsucht danach spiegelt den festen Glauben, dass man erst dann Gott wirklich nahe sein wird. Es klingt fremd in unserer Zeit, in der der Tod ein Endpunkt zu sein scheint. Wer sich ihm nähert, glaubt nicht mehr notwendigerweise, dass es eine fest umrissene, erwartbare Zukunft für ihn gibt. Was sich aber in allen Zeiten gleich bleibt: Warten auf den Tod, das ist in gewisser Hinsicht wie Warten auf die Geburt. Es ist das Unvorstellbare, das sich unserer Kontrolle entzieht. Der Übergang zu etwas ganz anderem, der nicht rückgängig zu machen ist.

Im Wartesaal

Paul Lüdtke, 85, wartet im Hospiz auf den Tod*

Paul Lüdtke trägt einen Hausmantel, er ist ein sehr kleiner, zarter Mann. Er steht vom Tisch auf, um mich zu begrüßen. Eigentlich ist Mittagessenszeit, aber er möchte behilflich sein und Auskunft geben, also lässt er das Essen stehen. Es ist ein kleiner, aber freundlicher Raum, in dem er nun lebt: ein Hospizzimmer in Hamburg. Paul Lüdtke ist ein bisschen stolz darauf, dass er der älteste der Bewohner im Haus ist und zugleich derjenige, der sich darin am mobilsten bewegt. Einen Gang macht er jeden Tag mit dem Rollator: zum Schwesternzimmer, um sich dort Feuer für seine geliebten Zigaretten geben zu lassen. Paul Lüdtke spricht sehr sachlich über den nahen Tod, mit dem er sich abgefunden hat, wie er sagt. Ob er darauf wartet? Sicherlich nicht im Sinne eines Erwartens, dafür lebt Paul Lüdtke zu gern, dazu sind ihm Frau und Tochter zu wichtig. Er wartet ihn ab als etwas Unvermeidliches.

Mein Fall liegt folgendermaßen: Ich bin zuhause plötzlich umgefallen, meine Frau war Gott sei Dank da. Und dann bin ich sofort ins Krankenhaus gekommen. Dort hat man festgestellt, dass ich linksseitig im Kopf zwei bösartige Tumore habe. Nach der Röntgenaufnahme sagten die Ärzte zu mir, es sei unheilbar, und ich müsste mich damit abfinden, dass das hier eben tödlich ist.

Nach meinem Krankenhausaufenthalt kam ich gleich ins Hospiz. Und hier liege ich nun und warte auf mein

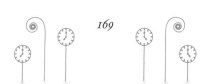

Ende. Und natürlich weiß man nicht, wann es passiert. In diesem Heim ist es ein Kommen und Gehen. Und die Lücken werden schnell wieder besetzt. Man macht hier nichts als zu warten.

Nachdem ich mich hier eingelebt habe, habe ich mich damit abgefunden und auch mit meiner Familie gesprochen. Die ist jetzt darauf eingestellt, was auch immer kommen mag. Ihr Leben geht weiter, und sie sollen sich nicht zu sehr damit beschweren, weil es ja eine unabwendbare Tatsache ist. Gott sei Dank bin ich schmerzfrei, das ist sehr viel wert. Die Pflegerinnen sagen immer, ich sei mit fünfundachtzig der älteste Patient, aber der beweglichste. Ich brauche den Rollator, aber ich kann auch rausgehen, ich habe meine Freiheit. Ich bekomme jeden Tag Besuch von meiner Frau, aber auch meine Tochter kommt regelmäßig mit ihrem Partner und die Verwandtschaft.

Wir haben hier wirklich alles, jede Pflege und Obacht, und das Personal ist sehr zuvorkommend und nett. Wir können uns mit jedem Wunsch oder jeder Bitte an sie wenden, sogar nachts. Ich hoffe, dass ich bis zum Ende hier warten kann und nicht mehr ins Krankenhaus zurück muss.

Ich lebe in den Tag hinein, von morgens bis abends, und weiß nicht, was danach sein wird. Heute Morgen zum Beispiel, da dachte ich gleich, heute ist Mittwoch, Andacht. Gegen zehn gehe ich im Gemeinschaftsraum frühstücken, gegen halb eins lasse ich mir das Mittagessen aufs Zimmer bringen. Das Abendbrot kommt auch aufs Zimmer, und dann klingt der Tag allmählich aus.

Ich gucke noch Fernsehen und darf Tag und Nacht das kleine Licht anbehalten. Und irgendwann schläft man allmählich ein und wacht am nächsten Morgen wieder auf und sieht den hell werdenden Tag. Dann freut man sich auf den Besuch, der kommt.

Ich habe schon in gesunden Zeiten meine gesamten Verpflichtungen erledigt. Ich habe sogar meine Bestattung geplant und auch alles bezahlt, weil die Versicherung nicht genug dazugibt. Das beruhigt mich und meine Familie auch. Und da bleibt mir gar nichts anderes übrig, als auf den Tag oder auf die Stunde zu warten, bis es eben aussetzt. Das erlebt man hier täglich, und wir haben auch in der Andacht für die Verstorbenen gebetet.

Ich hoffe, dass ich kein Pflegefall werde und wieder ins Krankenhaus muss und da womöglich an elektronische Geräte angeschlossen werde, um künstlich am Leben gehalten zu werden. Mein einziger Wunsch ist, dass, wenn der Tod kommt, er plötzlich und schmerzfrei eintritt. Ich habe nie vor ihm Angst gehabt, weil ich ihn im letzten Krieg noch als 16- und 17-Jähriger miterlebt habe. Ich war in der Hitler-Jugend, und wir wurden nach den Bombenangriffen eingesetzt, mussten zum Teil auch KZ-Häftlinge für die SS bewachen. Die Häftlinge mussten die Toten bergen und auf die Lastwagen legen, sie wurden dann in Ohlsdorf in Massengräbern beigesetzt. Sie mussten auch in die Ruinen, um Wertsachen herauszuholen. Und da hat man vieles erlebt. Da kam ein Häftling herauf, der auf irgendetwas kaute. Der wurde sofort von einem SS-Mann erschossen.

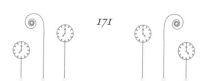

Später wurde ich im Reservelazarett eingesetzt. Da haben wir den Toten die Augen zugedrückt. Ich habe den Tod so erlebt, dass die armen Leute erlöst waren. Einige Verletzte mussten auch beruhigt werden. Dann haben wir ihnen gut zugesprochen, Zigaretten gehalten, damit sie rauchen konnten im Bett.

Meine Frau kommt fast jeden Tag. Sie ist natürlich immer wieder traurig. Einmal habe ich zu ihr gesagt: »Ich möchte gern mal wieder nach Hause.« Die zuständige Ärztin meint, dass das übers Wochenende möglich ist. Meine Tochter würde mich abholen und wieder zurückbringen. Dann werde ich wieder im eigenen Bett schlafen und meine Frau kocht meine Lieblingsspeisen, Frikadellen und Rouladen. Die macht sie sehr gut. Meine Frau ist eingebürgerte Deutsche, sie kommt ursprünglich von den Philippinen. Als ich 1977 Urlaub in Asien gemacht habe, haben wir uns kennengelernt.

Ich sage auch nicht, »Tod, komm' doch«, schon wegen meiner Familie nicht. Im Gegenteil, ich bitte darum, dass ich möglichst lange so stabil bleibe wie jetzt. Ich kann gehen, machen, was ich will. Ich bin frei. Deswegen habe ich auch keine Angst. Seit dieser Erfahrung im Lazarett. Damals habe ich mir gesagt: »Was ist das schon, der Tod?« 1944 habe ich mir das Rauchen angewöhnt, weil jeder geraucht hat. Im Krankenhaus haben sich die Raucher, auch die Ärzte, vor der Tür getroffen, da sagte einer von ihnen zu mir: »Rauchen Sie ruhig weiter, daran können Sie nicht sterben, das kann Ihnen nicht mehr schaden!«

Wenn ich gefrühstückt habe, dann freue ich mich schon auf die erste Zigarette. Meine Frau bleibt immer hier sitzen, bis ich mit dem Abendbrot fertig bin, erst dann geht sie nach Hause. Abends fahre ich noch mal zum Pflegedienstzimmer, da ist ja immer jemand, und bitte um Feuer und rauche die letzte Zigarette des Tages. Dann komme ich zurück, gehe ins Bett, gucke die Nachrichten, drehe ein bisschen rum, vielleicht findet sich noch eine Dokumentation. Ich habe aber auch Lektüre. Der Partner meiner Tochter hat mir so heilige Bücher mitgebracht. Da hab ich mal reingeguckt, das ist nicht so mein Ding. Vielleicht lese ich trotzdem ein bisschen rein. Aber ich bin ja so geprägt wie alle anderen in meiner Generation auch, von diesem Kriegselend damals. Da haben wir uns immer gefragt: »Warum lässt Gott das zu?« Später habe ich mir dann immer gesagt, vielleicht gibt es ja doch eine höhere Gewalt. Ich habe dieses und jenes überstanden. Und nun bin ich hier.

Neulich kam ein Sarg ins Hospiz, und einige der anderen Gäste waren schockiert und sagten: »Oh, dass ich das sehen muss.« Da habe ich gemeint: »Wieso, das ist doch ein natürlicher Vorgang, der muss doch abgeholt werden.« Ich habe die Angehörigen ein bisschen getröstet und ihnen gesagt, dass es uns allen hier so geht. Wir warten ja quasi darauf. Meiner Familie habe ich es auch so erklärt: »Seid nicht zu traurig, Euer Leben geht doch weiter. Und ich bin dann erlöst. Niemand kann mir mehr helfen, auch kein Arzt. Es ist eben letal.« Und da fragte meine Tochter: »Was ist denn letal?« »Tödlich«, sagte ich. Das wusste sie gar nicht mit ihren fünfunddreißig Jahren.

»Ich bin unpünktlich, weil ich
die Schmerzen des Wartens nicht fühle.
Ich warte wie ein Rind.«
Franz Kafka

Der Auszug aus dem Wartesaal

Das Warten ist heute aus dem öffentlich sichtbaren Leben nahezu verschwunden. Wenn wir auf einen Ansprechpartner in der Telefonwarteschlange warten, geschieht das zu Hause, und das Trauerjahr, in dem die Witwen früher die Wiederaufnahme ihres sozialen Lebens abwarteten, gibt es schon lange nicht mehr. Die schwarze Witwentracht ist verschwunden, und es gibt kaum einen Grund, dem Zwang, sie anzulegen, hinterherzutrauern. Warten, das war in der Vergangenheit immer wieder eine gesellschaftlich verordnete Zwangspause für die Machtlosen. Es waren die Witwen, die vom öffentlichen Leben ausgeschlossen waren, an dem die Witwer längst schon wieder teilnehmen durften. Es waren die Durchschnittsbürger, die im Ostblock Stunden in Warteschlangen vor den Läden verbrachten, während die Funktionäre in den für sie reservierten Geschäften direkt an die Reihe kamen.

Geblieben ist das Warten als soziales Unterscheidungsmerkmal an den Flughafen-Schaltern, an denen finanzkräftige First-Class- und Business-Passagiere schneller abgefertigt werden als die schnöde Economy-Class-Klientel – ihre Zeit ist schlicht kostbarer.

Es ist geblieben als Zustand der Machtlosen: der Häftlinge und Flüchtlinge etwa, die krank werden in

der Abschiebehaft, weil das ungewisse Warten sie zermürbt.

Warten hat erst dann eine positive Kraft, wenn es freiwillig geschieht. Wenn es den Wert von etwas markiert, auf das zu warten sich lohnt. In den 20er Jahren des letzten Jahrhunderts lief ein japanischer Hund namens Hachikō zehn Jahre lang jeden Tag zum Bahnhof, um auf seinen – verstorbenen – Herrn zu warten, der von dort immer zur Arbeit gefahren war. Als Hachikō starb, schrieben die Zeitungen des ganzen Landes darüber, und man errichtete an dem Bahnhof, an dem er gewartet hatte, eine Bronzestatue für ihn. Vor ein paar Jahren entdeckte man auch im Westen diese Geschichte, und Hollywood drehte einen Film über Hachikō. Unbeirrbar auf jemanden zu warten, ist für uns ein Inbegriff von Treue, und es rührt auch heute Millionen von Menschen im Kino. Nicht ausgeschlossen, dass wir darüber unser eigenes, weniger spektakuläres Warten auf einen nahen Menschen übersehen, ohne Hollywood, ohne Dornröschenschlaf, aber mit durchaus erfreulichem Ende.

Warten kann etwas Widerständiges an sich haben, ein Sich-nicht-abfinden mit der Gegenwart. Wer wartet, steigt aus dem schnellen Fluss des Gegebenen aus. Er verweigert sich dem Effizienzterror. Und sei es im ganz Kleinen, in der Verspätung des Angestellten, der abwartet, bevor er wieder in die Tretmühle einer ihm fremden Arbeit einsteigt. Wartezeiten vollständig abschaffen, das Räderwerk völlig reibungslos arbeiten lassen – das kann nicht einmal ein totalitärer Staat.

Und dennoch: Wir schätzen das Warten meist nur in der Theorie. Die Rührung über den Hund Hachikō verhindert nicht, dass wir die sozial akzeptierte Trauerzeit bei Menschen inzwischen immer kürzer ansetzen. Wenn wir es schätzen, dann als Warten-Können, als eine Form preußischer Selbstdisziplin, die unser berufliches und soziales Fortkommen beschleunigt. Deswegen versuchen wir unseren Kindern jene Geduld nahezubringen, von der wir glauben, dass sie karriereförderlich ist – und glauben zeitgleich, ihnen die Zumutung des Wartens ersparen zu müssen.

Die fünf Minuten dagegen, die wir selbst an der Supermarktkasse ausharren müssen, bringen uns fast aus der Fassung. Wir mögen es nicht, auf uns selbst zurückgeworfen zu sein. Weil wir dazu konditioniert sind, unsere Zeit effizient zu nutzen, und zwar im Sinne von Aufgaben-Erledigung. Dem sind in der Kassenschlange auch mit iPhone eher enge Grenzen gesetzt.

Man mag die Fähigkeit zu warten als Indikator künftigen beruflichen Erfolgs begreifen und sie der allgemeinen Verwertungslogik eingliedern. Man kann darin aber auch eine Form der Gelassenheit sehen, einen kleinen Kontrollverzicht.

Das Warten konfrontiert uns mit uns selbst – das kann, muss aber nicht anstrengend sein. Vielleicht begegnen wir uns an der Supermarktkasse als jemandem, der erschöpfter ist, als wir es wahrhaben wollen. Vielleicht begegnet uns auch gar niemand, sondern wir sehen nur, wie der Vater in der Nachbarschlange versucht, seinem Kind die Süßigkeiten auszureden. Oder

entdecken im Wagen der alten Frau vor uns neben einer Flasche wirklich guten Weins eine Zeitschrift über Modelleisenbahnbau. Vielleicht versinken wir in den rinderartigen Zustand, den Kafka beim Warten erlebt hat.

Ein Freund erzählte mir, dass er mit einem Freund über die Freuden des Wartens sprach. Danach ließ ihn der Freund gelegentlich bei Verabredungen warten. »Ich schenke dir Wartezeit«, sagte er. Wer wartet, steigt kurz aus. Aber nicht ganz. Er oder sie tritt nur für einen Moment zur Seite. Ich warte, also bin ich.

Anhang

Anmerkungen

1 Schwartz, Barry: Queuing and Waiting. Studies in the Social Organization of Access and Delay, Chicago 1975, S. 13.

2 Wolle, Stefan: Die heile Welt der Diktatur. Alltag und Herrschaft in der DDR 1971–1998, Berlin 1998.

3 Zitiert nach Osokina, Elena Aleksandrovna: L'opposition entre société et pouvoir pendant la crise d'approvisation de 1939–1941, in: Le Mouvement Social 196, Paris 2001, S. 115–136, S. 121 f. (Übersetzung der Autorin).

4 Hraba, Joseph: Consumer Shortages in Poland. Looking Beyond the Queue into a World of Making Do, in: The Sociological Quarterly 25/1985, S. 388.

5 Zitiert nach Mazurek, S. 265.

6 Mann, Leon: Queue Culture. The Waiting Line as a Social System, in: American Journal of Sociology 7/1963, S. 340–354.

7 Oberholzer-Gee, Felix: A Market for Time. Fairness and Efficiency in Waiting Lines, in: Kyklos 59/2006, S. 427–440.

8 Scholem, Gershom: Die jüdische Mystik in ihren Hauptströmungen, Frankfurt am Main 1980, S. 316.

9 The Memoirs of Gluckel of Hameln, New York 1932, S. 45 f., zitiert nach Festinger, S. 11 f.

10 Scholem, Gershom: Judaica, Frankfurt am Main 1963, S. 73.

11 Ebenda, S. 73 f.

Literatur

Bächtolf-Staudli, Hanns (Hg.): Handwörterbuch zur deutschen Volkskunde, Berlin 1936.

Bader, Mathis: Organmangel und Organverteilung. Das Allokationsdilemma der Transplantationsmedizin aus juristischer Sicht, Tübingen 2010.

Beckett, Samuel: Theaterstücke, in: Ders.: Werke. Dramatische Werke, Band 1, Frankfurt am Main 1976.

Betz, Hans Dieter / Browning, Don S. / Janowski, Bernd u. a. (Hg.): Religion in Geschichte und Gegenwart. Handwörterbuch für Theologie und Religionswissenschaft, Tübingen 2003.

Blanchot, Maurice: Warten, Vergessen, Frankfurt am Main 1964.

Bosetzky, Horst / Heinrich, Peter: Blechdosen, Holzbänke und dunkle Flure? Beschreibungen unterschiedlicher Warteräume in Berliner Behörden, Berlin 1984.

Bremmer Jr. / Rolf H.: Widows in Anglo-Saxon England, in: Bremmer, Jan / Bosch, Lourens van den (Hg.): Between Poverty and the Pyre. Moments in the History of Widowhood, London 1995, S. 58 – 88.

Buitelaar, Marjo: Widows' Worlds. Representations and Realities, in: Bremmer, Jan / Bosch, Lourens van den (Hg.): Between Poverty and the Pyre. Moments in the History of Widowhood, London 1995, S. 1–18.

Cancik, Hubert (Hg.): Handbuch religionswissenschaftlicher Grundbegriffe, Stuttgart 1990.

Cavallo, Sandra / Warner, Lyndan (Hg.): Widowhood in Medieval and Early Modern Europe, Harlow 1999.

Cordes, Albrecht: Blutrache, in: Handwörterbuch zur Deutschen Rechtsgeschichte, in: Ders. / Lück, Heiner / Werkmüller, Dieter (Hg.): Handwörterbuch zur deutschen Rechtsgeschichte (HRG), 2. Aufl., Band 1, Berlin 2012, S. 623–625.

Festinger, Leon / Riecken, Henry W. / Schachter, Stanley: When Prophecy Fails. A Social and Psychological Study of a Modern Group that Predicted the Destruction of the World, Minneapolis 1956.

Gutmann, Thomas: Ergebnisse des Forschungsprojekts »Kriterien einer gerechten Organallokation«, in: Becchi, Paolo / Bondolfi, Alberto / Kostka, Ulrike u. a.: Organallokation. Ethische und rechtliche Fragen, Basel 2004, S. 213–226.

Hall, John R. / Schuyler, Philipp D. / Trinh, Sylvaine: Apocalypse Observed. Religious Movements and Violence in North America, Europe and Japan, London, New York 2000.

Hirschberg, Walter (Hg.): Neues Wörterbuch der Völkerkunde, Berlin 1988.

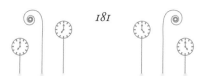

Hraba, Joseph: Consumer Shortages in Poland. Looking Beyond the Queue into a World of Making Do, in: The Sociological Quarterly 25 / 1985, S. 387–404.

Hufton, Olive: »Women without Men«. Widows and Spinsters in Britain and France in the 18th Century, in: Bremmer, Jan / Bosch, Lourens van den (Hg.): Between Poverty and the Pyre. Moments in the History of Widowhood, London 1995, S. 122–151.

Imhof, Arthur: Wiederverheiratung in Deutschland zwischen dem 16. und dem Beginn des 20. Jahrhunderts, in: Rudolf Lenz (Hg.): Studien zur deutschsprachigen Leichenpredigt der frühen Neuzeit (= Marburger Personalschriften-Forschungen, Band 4), Marburg 1981, S. 185–222.

Ingendahl, Gesa: Witwen in der Frühen Neuzeit, Frankfurt am Main 2006.

Kafka, Franz: Tagebücher, Frankfurt am Main 2005.

Krause, Gerhard / Müller, Gerhard (Hg.): Theologische Realenzyklopädie, Band 10, Berlin 1982.

Levine, Robert: Eine Landkarte der Zeit, München 1998.

Machtemes, Ursula: Leben zwischen Trauer und Pathos. Bildungsbürgerliche Witwen im 19. Jahrhundert, Osnabrück 2001.

Mann, Leon: Queue Culture. The Waiting Line as a Social System, in: American Journal of Sociology 7 / 1963, S. 340–354.

Mazurek, Malgorzata: Schlangestehen in der Volksrepublik Polen, in: Claudia Kraft (Hg.): Geschlechterbeziehungen in Ostmitteleuropa nach dem Zweiten

Weltkrieg. Soziale Praxis und Konstruktionen von Geschlechterbildern (Bad Wiesseer Tagungen des Collegium Carolinum, Band 25), München 2008, S. 251–275.

Meier, Franz: Der Tod und die Königin. Viktorianischer Totenkult und Queen Victoria, in: Jansohn, Christa: In the Footsteps of Queen Victoria. Wege zum Viktorianischen Zeitalter (= Studien zur englischen Literatur, Band 15), Münster 2003, S. 113–137.

Miller, Daniel: Vom Trost der Dinge, Berlin 2010.

Oberholzer-Gee, Felix: A Market for Time. Fairness and Efficiency in Waiting Lines, in: Kyklos 3/2006, S. 427–440.

Os, Gertje van: Widows Hidden from View. The Disappearance of Mourning Dress among Dutch Widows in the Twentieth Century, in: Bremmer, Jan/Bosch, Lourens van den (Hg.): Between Poverty and the Pyre. Moments in the History of Widowhood, London 1995, S. 230–246.

Osokina, Elena Aleksandrovna: L'opposition entre société et pouvoir pendant la crise d'approvisation de 1939–1941, in: Le Mouvement Social 196, Paris 2001.

Palmer, Gesine: Apokalyptische Müdigkeit, Berlin 2002.

Paris, Rainer: Normale Macht. Soziologische Essays, Konstanz 2005.

Pikulik, Lothar: Warten, Erwartung. Eine Lebensform in End- und Übergangszeiten, Göttingen 1997.

Schilling, Heinz (Hg.): Welche Farbe hat die Zeit? Recherchen zu einer Anthropologie des Wartens, Frankfurt am Main 2002.

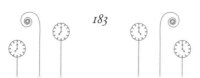

Scholem, Gershom: Die jüdische Mystik in ihren Hauptströmungen, Frankfurt am Main 1980.

Scholem, Gershom: Judaica, Frankfurt am Main 1963.

Schwartz, Barry: Queuing and Waiting. Studies in the Social Organization of Access and Delay, Chicago 1975.

Sellmaier, Stephan / Vossenkuhl, Wilhelm: Moralische Ansprüche von Patienten und die Allokation von Spenderorganen, in: Oduncu, Fuat S. / Schroth, Ulrich / Vossenkuhl, Wilhelm (Hg.): Transplantation. Organgewinnung und -allokation (= Medizin – Ethik – Recht, Band 2), Göttingen 2003, S. 131–145.

Sorokin, Vladimir: Die Schlange, Zürich 1990.

Stäblein, Ruthard (Hg.): Geduld. Die Kunst des Wartens, Frankfurt am Main, 1999.

Stubbe, Hannes: Formen der Trauer. Eine kulturanthropologische Untersuchung, Berlin 1985.

Tschechow, Anton: Drei Schwestern, Stuttgart 1985.

Wolle, Stefan: Die heile Welt der Diktatur. Alltag und Herrschaft in der DDR 1971–1998, Berlin 1998.

Wittmann, Marc: Gefühlte Zeit. Kleine Psychologie des Zeitempfindens, München 2012.

Zygmunt, Joseph F.: Prophetic Failure and Chiliastic Identity. The Case of Jehova's Witnesses, in: American Journal of Sociology 6 / 1970, S. 926–942.

Quellen

Das Zitat von Thomas Mann (auf Seite 18) und die beiden Zitate von Marcel Proust (auf den Seiten 70 und 128) sind aus folgenden Werken entnommen:

Mann, Thomas: Der Zauberberg, Frankfurt am Main 2012, S. 332. Der Abdruck erfolgte mit freundlicher Genehmigung des S. Fischer Verlags Frankfurt.

Proust, Marcel: Auf der Suche nach der verlorenen Zeit, Bände 1–3, Frankfurt am Main 2000, S. 3368 und S. 2395. Der Abdruck erfolgte jeweils mit freundlicher Genehmigung des Suhrkamp Verlags Berlin.

Die restlichen Zitate zum Warten sowie die statistischen Angaben auf den Seiten 40, 45, 90 und 149 sind allesamt dem Internet entnommen, Stand: Oktober 2013.

Dank

Dieses Buch hat viele Patinnen und Paten, die es auf seinem gelegentlich leichtgängigen, gelegentlich holperigen Weg begleitet haben. Die Möglichkeit, dafür zu recherchieren, verdanke ich dem Europäischen Journalisten Fellowship der Freien Universität Berlin. Die Idee, sich dem Warten zu widmen, hat mir mein Bruder Christian Gräff zurückgeschenkt. Manfred wälzte Nachschlagewerke auf der Suche nach großen Wartenden. Matthias Stolz hat in kurzer Zeit zahlreiche Ideen für Warte-Statistiken ersonnen. Dorothea Lüddeckens war meine Stütze in allen Religionsfragen, sie suchte unermüdlich Literatur und las geduldig Korrektur. Monika Bohrmann kochte Kaffee, suchte Gesprächspartner und transkribierte in der Nacht. Gerald Moser hat in seiner knappen Zeit Aufsätze aus den Untiefen der Uni-Datenbank für mich hervorgeholt. Meine Mutter begleitete das Projekt mit der Sympathie und Anteilnahme, die sie für fast alle sinnvollen und sinnlosen Vorhaben ihrer Kinder hat. Der A. hat wie immer zahllose Ideen aus seiner enzyklopädischen Wissensfülle beigesteuert und hörte meine Klagen mit der gewohnt hilfreichen Mischung aus Strenge und Verständnis. Johanna Links hat beim Lektorieren nicht locker gelassen, sondern mit einer unwiderstehlichen Mischung aus Ansporn und Entschiedenheit die Arbeit vorangetrieben. Ich danke all den Gesprächspartnerinnen und Gesprächspartnern, die mir ihre Zeit geschenkt haben und oft auch Privates und Verletzliches offenbart haben. Vor allem danke ich

Nico, der lange Nächte mit mir am Schreibtisch saß, der Interviews transkribierte, Daten suchte und Texte gegenlas, der vor allem immer Anteil nahm an diesem Projekt, das ihn viele Stunden Schlaf gekostet hat. Ich danke ihm und Clara, die dafür gesorgt haben, dass ich auf wesentliche Dinge nicht mehr warte.

Über die Autorin

Friederike Gräff

Jahrgang 1972, Ausbildung an der Deutschen Journalistenschule in München, danach freie Mitarbeiterin u. a. für *ZEIT, taz* und *Süddeutsche Zeitung*. Seit 2006 ist sie Redakteurin bei der *taz* in Hamburg und zuständig für die Ressorts Justiz und Kultur. 2012 erhielt sie den Literaturförderpreis der Stadt Hamburg für ihre Erzählungen. »Warten. Erkundungen eines ungeliebten Zustands« ist ihr erstes Buch.

Warten auf die Erfüllung des Kinderwunschs

Millay Hyatt
Ungestillte Sehnsucht
Wenn der Kinderwunsch
uns umtreibt

224 Seiten, Broschur
ISBN 978-3-86153-665-9
14,90 € (D); 15,40 € (A)

»Eine kluge Erkundung der Frage, wie der unerfüllte Kinderwunsch unser Leben verändert. Eine Frage, die scheinbar nur eine Minderheit betrifft, aber uns alle angeht.«

RBB, Kulturmagazin »Stilbruch«

»Millay Hyatt stellt Fragen, an die sich andere nicht herantrauen – und das Gute: Sie gibt auch Antworten darauf. Die lohnen sich vor allem für jene zu lesen, die wissen wollen, wie es in ungewollt Kinderlosen aussieht und wie zehrend so ein Wunsch sein kann.«

Berliner Zeitung

www.christoph-links-verlag.de

Vom Warten auf eine Begegnung mit den leiblichen Eltern

Eric Breitinger
Vertraute Fremdheit
Adoptierte erzählen

208 Seiten, Broschur
ISBN 978-3-86153-642-0
14,90 € (D); 15,40 € (A)

»Nichts ist wichtiger als zu wissen, woher der Mensch kommt, wer seine Eltern sind, und wie er zu dem geworden ist, was er ist. Und nichts ist aufregender als jenen Menschen ein Stück lang auf ihren seelischen Sternfahrten zu folgen. Eric Breitinger ist das wunderbar gelungen.«

Ingeborg-Bachmann-Preisträger Peter Wawerzinek

»Die Kombination aus Erlebtem und Fachwissen gehört zu den großen Stärken dieses nicht nur für Adoptierte und Adoptiveltern wichtigen und Mut machenden Buches.«

Deutschlandradio Kultur

www.christoph-links-verlag.de

Über das Warten auf das erste Mal

Maja Roedenbeck
Und wer küsst mich?
Absolute Beginners –
Wenn die Liebe auf sich
warten lässt

200 Seiten, Broschur
ISBN 978-3-86153-688-8
16,90 € (D); 17,40 € (A)

Ungefähr ein bis zwei Millionen Menschen in Deutschland gehen ohne Liebe, Sex und Zärtlichkeit durchs Leben. Sie nennen sich Absolute Beginners. Maja Roedenbeck hat mit vielen von ihnen gesprochen, trägt Tipps von Ehemaligen und Experten zusammen und geht dabei immer wieder der Frage nach, warum es die Liebe heutzutage so schwer hat.

»Besonders wertvoll und höchst lesenswert.«
TagesSatz, 1/2013

www.christoph-links-verlag.de